ESTE ALGO LLAMADO TÚ

Otros libros de DR. ERNEST HOLMES

Cómo Usar la Ciencia de la Mente

Ese Algo Llamado Vida

La Ciencia de la Mente

Lo Esencial de Ernest Holmes

Mente Creativa

Mente Creativa y Éxito

Palabras Que Sanan Hoy

¿Podemos Hablar con Dios?

Preguntas y Respuestas Sobre la Ciencia de la Mente
(por Alberta Smith)

ESTE ALGO LLAMADO TÚ

por Ernest Holmes, PH.D.

Science of Mind Publishing
Golden, Colorado

Derecho de autor © 2016 por Centers for Spiritual Living
Primera edición Americana, © 1948
Derecho de autor © 1948, 1949 y 1950 por Ernest Holmes

Todos los derechos reservados.
Ninguna parte de este libro puede reproducirse en forma alguna sin permiso
por escrito del publicador, exceptuando citas breves.

Science of Mind Publishing
573 Park Point Drive
Golden, Colorado 80401-7402
www.scienceofmind.com

Diseño de portada y presentación de libro por
Maria Robinson, Designs On You, LLC
Littleton CO, USA

Impreso en los Estados Unidos de América
Publicado junio de 2016
ISBN: 978-0-917849-45-9

CONTENIDO

Capítulo 1 .... *1*

Capítulo 2 .... *5*

Capítulo 3 ....*15*

Capítulo 4 .... *21*

Capítulo 5 .... *29*

Capítulo 6 .... *37*

Capítulo 7 .... *45*

Capítulo 8 .... *53*

Capítulo 9 .... *63*

Capítulo 10 .... *71*

Capítulo 11 .... *81*

Capítulo 12 .... *89*

Capítulo 13 .... *99*

Capítulo 14 .... *105*

Capítulo 15 .... *113*

Capítulo 16 .... *123*

ESTE ALGO LLAMADO TÚ

CAPÍTULO 1

Tú, como todos, buscas el gozo del vivir.
Deseas sentir que se te necesita, que se te quiere y deseas ser
incluido en el drama de la vida.

Éste es un impulso que anida en todos. Lo es todo. La rosa existe para expresar belleza; la raíz y la rama se unen con la naturaleza para dar nacimiento a una flor. Un artista preferiría morir de hambre en su desván que dejar de cincelar una angélica forma en un trozo de mármol para obligar a la materia reacia a aceptar su aliento creativo.

No sólo los seres humanos, sino todo en la naturaleza está dotado de esta urgencia creativa. Cuando llueve, el desierto recibe la lluvia con gusto y se abre a la canción de la creación. Aprovechando la breve temporada, florece con júbilo, almacenando en su seno la semilla de flores futuras. Es imposible escapar a la necesidad de crear. Todo debe encontrar expresión o perecer.

Esto no fue un deseo humano. La evolución es prueba de una irresistible urgencia que lo impulsó todo hacia adelante y hacia arriba. El hombre no creó la vida. Él es el producto que vive de ella, en ella y por ella. Nadie puede escapar a la necesidad de darle expresión a través de su propio vivir.

De alguna forma que no conoces, a través de algún proceso que nunca revela su faz, la vida está dentro de ti con un irresistible impulso de crear. La Inteligencia Divina lo ha dispuesto así, ni tú ni nadie, ni siquiera toda la sabiduría, la ciencia o la filosofía del hombre, ni la inspiración de los santos o sabios, puede cambiar un ápice de ella más de lo que el hombre puede detener los eternos circuitos del tiempo, las revoluciones de los planetas o el deseo del pájaro pequeño de abandonar el nido para elevarse a las alturas y cantar.

Crear o perecer es el mandato eterno de la naturaleza. Ser constructivo o frustrarse es una demanda similar. No puede uno escapar a la conclusión de que eso que busca expresión a través de todo puede encontrar satisfacción sólo por medio de la creación constructiva que contribuye a la vida. Se puede llamar a este proceso bueno o malo, correcto o erróneo, dios o demonio, cielo o infierno. ¿Pero no sería más fácil decir simplemente que las cosas sólo dan buenos resultados cuando son constructivas?

Todos nosotros somos parte de un orden universal. La urgencia misma de satisfacción personal está incompleta hasta que encuentra una salida universal. Ésta es la causa detrás de todos los cambios radicales en la historia humana. El molde trata de acomodar las piezas dentro de más y más grandes unidades como si no pudiera cumplir su propósito sino a través de una democracia espiritual, de una unión del todo.

Esta unión, sin embargo, no significa igualdad, porque mientras que la unidad requiere conformidad con los principios, la unidad nunca significa uniformidad. Cada hoja del pasto, cada cristal, cada gota de agua, al igual que cada individuo, es un poco diferente de los demás de su misma especie.

La humanidad está formada por innumerables individuos, de los cuales no hay dos que sean iguales, y sin embargo, la sociedad consiste de un todo que avanza gradualmente hacia una meta final. ¿Qué otra cosa podría ser esta meta sino que cada uno, permaneciendo individual, encuentre una expresión más completa dentro y entre todos los demás individuos? Éste ha sido el sueño de todos los tiempos –que el león repose al lado de la oveja–"y un niño pequeño los guíe". Como Jesús dijo, "... que ellos sean uno al igual que nosotros somos uno."

Tú perteneces al universo en que vives, eres uno con el Genio Creativo que existe detrás de esta inmensa variedad de movimiento incesante, de este flujo original de vida. Eres tan parte de éste como lo es el sol, la tierra y el aire. Existe algo dentro de ti que te dice esto –como el eco de una voz desde la cumbre de una montaña de visión interna, como una luz cuyo origen ningún hombre ha visto, como un impulso que se eleva desde un manantial invisible.

Tu alma pertenece al universo. Tu mundo es una salida a través de la cual tu inteligencia creativa busca expresión.

Éste es tu punto de partida para investigar el significado de estos impulsos, de los anhelos y deseos que te acompañan toda la vida. Tú puedes hacer que la fuente de donde vienen sea real. Puedes hacer que el universo se llene de una presencia divina, infinita, quizá de la infinitud de ti mismo. No de la infinidad de tu propio yo limitado, sino de la infinidad del Yo Divino que debes ser. Debe haber un molde de tu propio yo en Este invisible.

Las más grandes mentes de todos los tiempos han aceptado que este molde existe. Algunos místicos de la antigüedad lo llamaron Atman. Sócrates lo llamó Espíritu; Jesús, su Padre en el Cielo. ¿Por qué tú no lo llamas simplemente "YO", tu Yo total? Porque con toda seguridad esto es lo que ellos quisieron decir.

Simplemente trata de percibir una visión más amplia y date cuenta de que ha habido y hay gente, mucha gente, que se ha identificado y se ha fundido en una presencia invisible hasta que la atmósfera de este presencia se ha entretejido en la tela de su propia existencia. Cada persona, como dijo Emerson, es una puerta a través de la cual el Infinito pasa a ser limitado, a través de la cual Dios se convierte en hombre, a través de la cual el Universal se convierte en individual.

Tú vas a creer con la misma simplicidad y con fe total que hay un molde de ti mismo, o un espíritu real tuyo, que es tan eterno como Dios, tan indestructible como la Realidad, y tan firme como la Verdad. Este molde está buscando expresión a través de ti. Detrás de él está todo el deseo y el propósito del universo, todas las leyes irresistibles del ser. Al final vencerá.

La razón de que sientas estos irresistibles impulsos – el anhelo de vivir más plenamente, de sentir que la vida te pertenece – es que este molde existe. Hay algo dentro de ti más allá de toda duda y temor, algo que nunca ha sido limitado ni por tus propias acciones ni por tus sentimientos. Éste es el único algo que puede hacerte íntegro.

CAPÍTULO 2

Si esto es verdad, ¿por qué entonces el mundo está aún empobrecido, mental y físicamente enfermo, y aparentemente sin posibilidad de unificarse?

Ésta es la gran pregunta: ¿por qué, y por qué, y por qué? A menos que esta pregunta sea contestada adecuadamente y que su significado sea aplicado cada vez más a la conducta humana, existe el peligro de que el mundo destruya su vasto sistema de creencias falsas y se vea obligado a volver a empezar.

Parece como si un propósito persistente se llevara a cabo, en el sentido de que todo lo que no cumpla con este propósito deba hundirse en las consecuencias de la evolución, para que eso que se acerca más a la verdad pueda aparecer. El mundo ha alcanzado un punto dramático culminante en su historia. Ha descubierto tantos de los recursos físicos del universo que a menos que este enorme poder se use constructivamente, puede muy bien destruirlo. El mundo está al borde de un gran abismo, de un enorme retroceso o, si se prefiere, se enfrenta al horizonte de un día glorioso, de una nueva era.

Pero, puedes preguntar, "¿Por qué el Todopoderoso y la Inteligencia Divina permiten tal posible desastre?" Esto es algo que ni tú ni yo podemos controlar. Dios, o el Genio Creativo del universo, ha colocado esta prerrogativa en la mente del hombre al darle libre albedrío y opción.

A esto se refirió Moisés cuando dijo que el mundo está en tu propia boca, una bendición o una maldición según lo uses. Jesús reiteró esto cuando dijo que el Padre trabajó hasta ahora, pero ahora trabaja el hijo; que "Todas las cosas que el hijo ve hacer al Padre, el hijo las haga también, para que el Padre sea glorificado en el hijo".

Ahora, tú eres este hijo y deseas que el Padre sea glorificado en ti. Quieres que la Vida viva a través de ti. Quieres que el gozo se exprese en ti. Deseas paz y felicidad, éxito, salud, y una vida radiante. ¿Cómo podrías desear estas cosas si no existieran ya como posibilidades? ¿No hay un eco dentro de ti, como si viniera de un origen invisible, un hondo sentimiento, un algo intuitivo? Puede no serte fácil decirlo con palabras, pero ahí está, definitivo como tu vida misma.

No temas este impulso. Toda la naturaleza lo obedece ciegamente. El resultado culminante y triunfante de la evolución ha colocado en ti la posibilidad de aceptar o rechazar. Con asombro y admiración reverente ante la grandeza de esta posibilidad, la mente queda quieta, la imaginación vacila, pero esa esperanza perenne que brota en la consciencia del hombre dice: "Amados, ahora somos hijos de Dios, y aún no aparece lo que seremos; pero sabemos que cuando aparezca, seremos como eso; porque lo veremos tal como es."

Tú ya eres un ser espiritual. Cuando la mente entienda esto y absorba su esencia, eso que eres en lo invisible se volverá aparente en lo visible. Has llegado a la conclusión de que esto es verdad. Estás reforzado por la sabiduría de los tiempos y rápidamente estás siendo aún más reforzado por la investigación científica. Veamos si no podemos descubrir lo que obstaculiza el camino. No descubriremos ningún obstáculo en la Realidad Misma, sino en nuestra actitud hacia Ella. Ahora que el hombre ha alcanzado la era de ejercer su derecho de opción, puede temporal pero no permanentemente, obstaculizar la intención Divina.

Browning dijo que el hombre puede profanar pero nunca perder la chispa divina. Está siempre allí. "Yo estoy contigo siempre, hasta la consumación de los siglos." Supongamos que eres espíritu, alma y cuerpo, como dice la Biblia; que tu espíritu ya es perfecto, un centro individualizado en la consciencia de Dios. Dios te hizo de Sí Mismo. El único material que tenía era la Substancia de Su propio ser. La única mente que tenía para implantar en ti era Su Mente. El único espíritu que tenía para impartir fue Su propio Espíritu. "¿Qué es el hombre, que lo cuidáis bien; o el hijo del hombre, que lo visitáis? Lo habéis hecho un poco menos que los ángeles; lo habéis coronado con gloria y honor, y lo habéis colocado por encima de todas las obras de vuestras manos".

Eres un ser vivo en virtud del hecho de que a través de algún proceso que nadie sabe, ni necesitamos o podemos saber, la Vida se ha encarnado en ti, y se está expresando por medio de ti en este momento. Éste es el regalo de la Vida. Éste es el Hijo engendrado del seno del Padre.

Pero tú eres alguien, al igual que todos los demás, que gradualmente está despertando a posibilidades mayores. Si la Vida te hizo de Sí Misma, lo cual es absolutamente cierto, y si eres un ser un poco diferente a todo ser que haya vivido hasta ahora, entonces la Vida no sólo te creó como un ser independiente, sino que también implantó algo único dentro de ti. Este algo nunca será duplicado. El espíritu que te acompaña toda la vida es sólo un poco diferente del espíritu de cualquier otra persona, no diferente en el sentido de aislamiento pues todos estamos enraizados en un mismo ser, sino diferente ya que es individual.

Imagina que lo pensaras de esta manera: hay un espíritu en mí y este espíritu es Dios como Su propio hijo. Ya sea que lo entienda o no, hay un Yo verdadero que existe eternamente en el Espíritu puro. Yo nada tuve que ver con esto, simplemente desperté y lo descubrí. No me lo proporcioné y tampoco puedo desprenderme de él. Sólo puedo aceptarlo.

Debido a que eres un individuo, puedes aceptar o rechazar tu propio espíritu. Por supuesto, nadie te lo puede quitar. En algún momento tendrás que aceptarlo. No obstante, puedes procrastinar, desviar, poner a un lado, o retrasar este evento divino. Si supieras sin duda alguna que esto es verdad, tu mayor busqueda sería la de tu propio espíritu. Bueno, sí lo sabes. Cada deseo que tienes de mejorar en la vida es un eco desde lo más profundo de tu ser que eternamente proclama, "Mirad, yo lo renuevo todo."

Es debido a que tu mente tiene la prerrogativa de aceptar o rechazar lo que la Biblia dice: "Mirad, llego a la puerta y toco: Si alguien oye mi voz y abre la puerta, entraré y cenaré con él y él conmigo." Imagina simplemente que aceptas el espíritu que habita en ti, no en la montaña, ni en Jerusalén, ni siquiera en el templo, aunque también está allí, sino en ti, tu propio espíritu. Entre este espíritu, tu cuerpo físico y tus asuntos externos, está la suma total de tu pensar, creer y sentir.

Quizá más de lo que cualquiera pueda entender o creer, la totalidad del pensar del ser humano es un espejismo de las épocas. Sería bueno pensar en esto a fin de evitar la auto-condenación. Eres como todos los demás, "un niño llorando en la noche", algo tratando de ser íntegro, algo con un profundo anhelo de seguridad, con un profundo e indecible anhelo de amor, de protección y de paz.

Sin embargo, la mente está llena de dudas acumuladas a través de los tiempos, como si hubiera un vasto abismo de duda, miedo e incertidumbre entre tú y tus deseos. Aquí es donde la

Ciencia de la Mente te puede ayudar, donde tu intelecto puede llegar a unirse con tu inspiración, donde el uso consciente de las leyes de la mente puede derribar las barreras que ocultan la faz del amor.

Si Dios te creó de Su misma naturaleza (y no hay nada más de donde te pudo haber hecho), lo que buscas está aquí, dentro de ti. Lo único que se interpone son los pensamientos, creencias y emociones acumuladas a través del tiempo. Pero no hay nada que no haya sido puesto ahí o por ti mismo o por la consciencia colectiva. Lo que ha sido puesto ahí puede ser eliminado. Estas falsas creencias son sistemas de pensar creados a través del tiempo y acentuados por tu propia experiencia, por tendencias heredadas y por el medio ambiente. No tiene caso perder tiempo especulando por dónde llegaron. Tu responsabilidad es rechazarlas.

Tu intelecto ahora ha aceptado que puedes hacerlo. ¿No eres por lo tanto como aquel que ha empezado un viaje hacia una hermosa ciudad que sabe que existe? Qué importa si tiene que escalar algunas montañas, hacer varias desviaciones y cruzar un desierto o un río. Todo lo que vale la pena merece el esfuerzo. Es la meta lo que persigues. Tienes una visión y vas a ir en pos de ella.

Puede ser que no llegues a tu ciudad del bien en un solo día, pero su imagen allá en tu desierto no es un espejismo. Nunca ha habido una falsedad sin una realidad detrás. Afortunadamente, tu destino no es externo. Si así lo fuera no podrías alcanzar tu meta. Uno por uno, sin ansiedad o impaciencia, vas a eliminar los obstáculos mentales que existen entre tú y tu destino. Lo que el pensamiento ha hecho, el pensamiento lo puede deshacer. Los moldes mentales establecidos en tu subconsciente a través del tiempo pueden ser eliminados conscientemente.

Esta grandeza dentro de ti, que se llama voluntad o elección, puede decidir tu destino. Puede quitar toda obstrucción y gradualmente implantar nuevos moldes en tu mente.

Imagina que ves la proposición desde otro ángulo. Pretende que colocas tu ambiente físico, incluyendo tu cuerpo y tu mente consciente al extremo de una línea. Al otro lado colocas tu ser espiritual, Dios e infinitas posibilidades. En este extremo de la línea todo ya es perfecto. Jesús lo llamó el Reino del Cielo que vendría a la tierra, el cual debe llegar a tu experiencia. Así lo quiere: "El Espíritu lo busca".

Este extremo de la línea es el Reino prometido. Este Espíritu es feliz, completo, libre, lleno de gozo, eterno, y te puede proporcionar expansión eterna. Todas tus grandes esperanzas y sueños vienen de Él. El eco de Su ser está en tu intelecto, la voz de Su palabra silenciosa está en tu mente, la sensación de Su luz y Su vida está en tu corazón, la emoción de Su imaginación está en tu alma.

Al otro extremo de la línea está tu ambiente físico, incluyendo tu cuerpo, la mayoría de tus pensamientos conscientes, tus esperanzas y aspiraciones, temores y derrotas diarios. Todo esto aparentemente aislado, vagando en un desierto de desesperación, ascendiendo montañas sin fin, a veces perdido en bosques interminables sin un rayo de luz, cruzando rápidos torrentes en la confusión de la vida – buscando, soñando, esperando, anhelando, ansiando la otra mitad de su ser que por sí sola lo puede unificar.

¿No crees que ésta es una buena descripción de tus actitudes y experiencias? La mitad de ti en el cielo, la otra mitad en una tierra densa. La mitad celestial deseando aparecerse y atender todas tus necesidades, la mitad terrena esforzándose hacia lo celestial y hacia la barrera aparente. Si supieras tan bien, como sabes que estás vivo, que esta barrera es sólo producto del pensamiento o la creencia, la primera mitad de tu viaje quedaría recorrida. Sabrías que tienes todas las herramientas para derribar los bosques, nivelar las montañas, cruzar los ríos y hacer que el desierto florezca.

Si te escuchas a ti mismo lo suficiente sabrás todo esto. Con esperanza y entusiasmo empezarás tu viaje. Nunca te desalentarás o desanimarás. Tu visión se mantendrá en esta ciudad del bien, y tus pies, tu mente, tu intelecto, tu voluntad, viajarán hacia ella y con toda seguridad cruzarás sus puertas.

Usemos otra ilustración. Pensemos en un túnel, un extremo del cual está al aire libre donde hay valles fértiles, luz de sol gloriosa, verdor. Hay canciones, risa, felicidad, paz y gozo. Llamémoslo el Valle de la Alegría. Llamémoslo también el Reino de Dios.

Tú estás al otro extremo del túnel en una caverna profunda y oscura, frente a un desierto en el que no corren arroyos de agua refrescante. Algo atrae tu atención hacia el extremo abierto de este túnel. Con una curiosidad que tú no pusiste en tu mente, deseas investigar a dónde conduce este túnel, qué hay al otro lado. Te asomas hacia adentro. Al principio se ve oscuro, pero de vez en cuando brilla un rayo de luz y momentáneamente ves lo que hay al otro lado.

Te entra una gran ansiedad de cruzar el túnel, de dejar atrás el triste ambiente de descontento e infelicidad, y entrar al gozo que tu breve vision ha prometido. Porque en esta mirada pareces haberte visto a ti mismo al otro lado del túnel. Quizá en esta visión momentánea te parece haber visto tu propio espíritu. Parece como si algo dijera, "Sí, éste soy yo. ¿Cómo me voy a unir conmigo mismo?" Luego todo se oscurece. Tu visión se ha desvanecido. Debe haber sido una ilusión.

Ahora hay dos voces que parecen estar hablando contigo. Una voz dice, "Estás siguiendo un espejismo, una ilusión. No hay nada real sino este lado del túnel. Acepta las cosas como son. Haz lo mejor que puedas. Sé tan feliz como puedas, pero no esperes nada." Ésta es la voz de la desesperación. La otra voz te dice, "No tengas miedo. Tu visión es verdad. Entra y cruza el túnel. No hay nada sólido en él. Lo que obstruye tu paso es vapor, el vapor de la falsa creencia, que es denso solo con la densidad de la duda. Está lleno de los pensamientos de las generaciones. Hay una lámpara ya encendida dentro de ti. Cuando cruces el túnel la oscuridad desaparecerá ante esta luz. Encontrarás tu otra mitad y descubrirás que este túnel es tu propia mente".

Éste es tu retrato, tus esfuerzos, tus esperanzas y anhelos, tus aspiraciones y dudas, tus temores y tu fe.

Las barreras entre tu mayor bien y tú, no son barreras en sí mismas. Son cosas del pensamiento. Debido a esto, para la fe todo es posible. Jesús resumió toda esta proposición cuando dijo, "Hágase en ti como tú lo creas." Al interpretar esta afirmación, sin embargo, detente en la palabra "como". Piensa en su significado y descubrirás que decía que la vida no sólo responde a tu creencia, sino que responde de acuerdo al modo como tú creas. Es como un espejo que refleja la imagen de tu creencia.

Mientras que las leyes de la mente, como las leyes de la naturaleza, son neutras, al final el bien debe triunfar sobre el mal. La maldad es negativa. El bien es positivo. Como la luz y la oscuridad, la oscuridad no puede ocultar la luz, pero la luz sí puede disipar la oscuridad. Por eso Jesús dijo que si primero buscas el Reino, todo lo demás vendrá por añadidura, y "todo lo demás" incluye todas las cosas que hacen que la vida sea plena, llena de paz y felicidad, salud y armonía, y del éxito que por derecho pertenece a un Ser Divino.

La única advertencia que Jesús hizo contra el uso de esta ley suprema del ser, es que no debe ser usada destructivamente. "... porque el que a hierro mata, a hierro muere". El Reino de Dios contiene todo lo que es o puede ser deseable. Este todo ya existe como algo potencial del que se puede extraer. Tú puedes usar este potencial con cualquier buen propósito, no sólo con la certeza del éxito sino con seguridad. Sólo cuando se usan las fuerzas naturales erróneamente, estos pueden ser destructivos, y hay un mandato que esta destrucción sea de índole temporal.

Usa las leyes de tu propio ser de manera que no te puedan dañar ni a ti ni a nadie más. Por lo tanto, cerciórate de que tu deseo es para el bien de todos, inclusive para ti. Siguiendo esta regla no podrás usar la ley erróneamente.

Hay una ley de fe y de convicción que es tan definitiva como cualquier otra ley de la naturaleza. Esta ley utiliza el Principio Creativo de la Vida en forma tal que todos los usos incorrectos que se le den se hunden. Éste es el triunfo del Espíritu.

CAPÍTULO 3

Cuando Jesús dijo, "Hágase en ti como tú lo creas", no sólo anunció la Ley de la Vida, sino que explicó cómo funciona. Primero indicó que hay una ley que funciona sobre la fe.

Todas las leyes son universales, por lo tanto existen dondequiera que uno se encuentre. Si hay una Ley de la Fe, existe exactamente donde nos encontramos y opera como cualquier otra ley en la naturaleza.

Por ejemplo, funcionará como la ley de la gravedad que automáticamente mantiene todo en su lugar. Pero por lo que a ti concierne, mantendrá todas las cosas donde tú las coloques. Tú no cambias la ley de la gravedad, sino que sólo cambias tu posición con relación a ella. Esta ley opera automáticamente. Cuando cambias objetos a donde te place, ahí los mantiene. Esta ley trabaja para ti en el área de tu propia individualidad.

Imagina que quieres cambiar la posición del mobiliario de tu habitación. Mueves el piano de un lugar a otro. Éste es un acto de voluntad de tu parte. Quizá quieras poner la estufa en la sala. Esto puede parecer excéntrico, pero la ley no lo cuestionará. Automáticamente mantendrá las cosas donde las coloques; operará de acuerdo a tu decisión.

Jesús proclamó una ley de la fe que actúa como tú lo creas. Y ahora viene la parte más sutil e interesante de esta historia que quizá no hayas analizado. A riesgo de parecer redundante, veamos esto un poco más cuidadosamente ya que es sumamente importante. La pequeña palabra "como" es lo que vamos a considerar aquí. No solamente hay una ley que produce algo para ti (esto es fácil de aceptar), sino que al hacerlo se ve limitada por tu creencia. Esto es lo más importante que hay que recordar.

Solo requiere sentido común para reconocer que lo que esta ley produce para ti, necesariamente, sólo puede hacerlo a través de ti. El regalo de la Vida no está completo sino hasta que es aceptado. Si sólo puedes creer en un bien pequeño, la ley se verá obligada a operar de acuerdo a ese bien pequeño. No es que la ley por sí misma sepa mucho o poco; al igual que la ley de la gravedad, no sabe que una montaña es más pesada que una canica, pues automáticamente mantiene todo en su lugar. Si cambias de lugar un gran montón de grava, lo mantendrá donde lo pongas. Si cambias solamente una cantidad pequeña, igualmente la mantendrá en su lugar con igual imparcialidad.

Ahora, traslademos todo esto al plano mental, reconociendo que lo mental reproduce lo físico pero a un nivel más elevado. La ley es siempre un espejo que refleja tus actitudes mentales. Por lo tanto, si dices, "yo puedo obtener un bien pequeño," te producirá esa pequeña cantidad; pero si dices, "Todo el bien que hay es mío", con igual certeza la ley producirá el bien mayor. Si crees que dondequiera que vayas encontrarás amor y amistad, apreciación y gratitud, esto se convertirá en la ley de tu vida.

El fallecido Dr. Carrel dijo que la fe opera en este plano como las leyes físicas operan en su plano, reproduciendo la misma acción a un nivel más elevado. Tuvo cuidado de explicar que las leyes de la fe no destruyen las leyes físicas.

Una ley de Dios no podría destruir otra. Las leyes espirituales reproducen las leyes físicas a un nivel superior. La ley superior automáticamente controla la inferior. Esto equivale a decir que cuando las leyes de la mente se usan correctamente pueden controlar el cuerpo físico y el entorno físico, no negando el cuerpo o el medio ambiente, sino incluyéndolos en un sistema mayor.

Esto es lo que hace la fe. Debes creer en la ley de la fe tan naturalmente como lo harías con cualquier otra ley en la naturaleza. Jesús no quiso decir que la fe destruiría otras leyes, ni tampoco significa que la fe en lo que no es cierto podría crear verdad del error. Él dijo que la fe en lo correcto siempre corregirá lo que es erróneo. Hasta ahora nadie ha probado lo contrario de esta teoría. Todo el que ha obrado según esto ha obtenido un resultado definitivo. La fe es una gran aventura, un estimulante, un valioso intento de utilizar las leyes más elevadas de tu ser con propósitos definidos.

Jesús fue muy explícito en su enseñanza de la ley de la fe. Él dijo que si pedimos pan, no recibiremos una piedra. Es decir que si plantamos un rosal, éste no se volverá un limonero. La ley de la fe opera íntegramente sobre una idea definida, pensamiento, esperanza, o la aceptación implantada en ella.

Sin embargo, se debe dejar la semilla en la tierra creativa de la mente hasta que madure. Hay una temporada para sembrar y otra para cosechar. Mientras tanto las matas no deben desenterrarse, ni se debe interrumpir su proceso de crecimiento. Se les debe regar con esperanza, fertilizar con aceptación y cultivar con entusiasmo, gratitud y alegría.

Si la ley opera automáticamente, no hay necesidad de forzarla, concentrarla u obligarla. Lo que se hace es proporcionar las actitudes mentales sobre las cuales pueda operar. Tú no tienes que mantener la ley en su lugar, tú tienes que sostener tus ideas en su lugar. Éste es un esfuerzo individual. Tu concentración no es en la ley, porque ésta ya está aquí, exactamente donde estás, dentro y alrededor tuyo. Esta concentración no es coerción sino una suave flexibilidad para contigo mismo, a fin de gradualmente ir eliminando toda duda, miedo e incertidumbre, y reemplazándolos con confianza, seguridad, reconocimiento y gratitud.

Este proceso no es tanto un problema de fuerza de voluntad como de consentimiento. El único papel que juega la fuerza de voluntad es la decisión de mantener el pensamiento enfocado lo suficiente para permitir que la ley opere. Esto no es una oración de imploración sino un reconocimiento de realización de la acción correcta.

La fe es lo más importante en la vida. Es imposible alcanzar la grandeza de su posibilidad por medio de pensamientos mezquinos e ideas insignificantes. El alcance mental de todo debe ser ampliado y profundizado. Toda la expectación debe abarcar más, toda la imaginación debe dirigirse a la aceptación agradecida y el reconocimiento gozoso.

Toda idea de sufrimiento por amor a lo correcto, toda creencia de que estás siendo tentado o probado para ver si eres merecedor de los dones de la Vida, son conceptos erróneos sobre el modo en que esta ley funciona. La Vida desea hacer el regalo porque haciéndolo así, fluye en Su propia auto-expresión. Se puede decir que la ley de la gravedad desea mantener un objeto en su lugar porque ésta es su naturaleza. De hecho no puede evitar hacerlo. Sin embargo, si colocas una estufa en la sala y la mantienes encendida en un caluroso día de verano, te vas a sentir incómodo. Si la colocas demasiado cerca de las cortinas, sin duda éstas van a incendiarse.

Esto no significa que la ley hubiera tenido malas intenciones. Lo mismo podrías hacer poniendo la estufa en el traspatio. Podrías poner un calentador eléctrico en el congelador y el hielo se derretiría, no porque la ley desee destruir el contenido del congelador, sino porque las leyes son siempre impersonales. De aquí que Jesús dijo a sus discípulos, que así como hay una ley de la fe, y que necesariamente siempre la estaban usando, al ser individuos con libre albedrío debían esperar cosechar lo que sembraran.

Tú quieres cosechar alegría, felicidad, amor, amistad, salud, armonía y éxito. ¿Podrías esperar mantener tu mente llena de estos pensamientos para ti mismo a menos que estuvieras lleno de pensamientos similares para otros? Por supuesto que no. No tendría sentido. Por lo tanto, Jesús recomendó que amáramos a nuestros enemigos, que fuéramos bondadosos con todos. "Da y recibirás". Además dijo, que cuando uno da, el regalo se nos devuelve multiplicado. ¡Qué maravilloso concepto! Parece demasiado bueno para ser verdad. No obstante, planta una semilla en el suelo y ésta se multiplicará muchas veces.

Hay una ley de multiplicidad en la naturaleza. Tienes derecho a esperar que lo que deseas para otros te sea retornado a través de otros. Asimismo, no tienes derecho a esperar cosechar lo que no has sembrado.

La maravillosa enseñanza de Jesús no es tan suave como parece. Sus palabras son declaraciones de las grandes leyes de causa y efecto; leyes que producen justicia sin juicio, el inevitable resultado de leyes que funcionan con exactitud matemática. Ni tú ni nadie puede amar y odiar al mismo tiempo. Por lo tanto, este sabio dijo que la luz vence a la oscuridad. No dijo que la oscuridad vence a la luz.

Independientemente de la suavidad, la belleza y maravillosa grandeza de las palabras de Jesús, siempre tendrás que enfrentarte con este hecho frío y duro. Jesús enseñó el funcionamiento de la ley de la causa y el efecto. Él dijo que nadie podría cambiarla en lo más mínimo. Toda la poesía, el ingenio, el conocimiento y el arte de todos los tiempos no podrían alterar el hecho de que el amor engendra amor, la paz atrae paz, sólo aquello que va con gozo puede retornar con alegría, da y se te dará multiplicado, con buena medida, apretado y desbordante.

No necesitas obligar o forzar, sino obedecer la ley. Si puedes ver a Dios en todo, Dios te verá en todo. Éste es el significado de la sentencia, "Actúo como si ya lo fuera y lo seré". Ésta es la ley de dar y recibir.

Cuando llegue el momento en que nada salga de ti sino aquello que te gustaría, habrás alcanzado tu cielo.

CAPÍTULO 4

El universo es un vasto sistema. Todas las leyes de la naturaleza se unen para beneficiar a la humanidad, pero estas mismas leyes protegen la integridad de la naturaleza.
Es como si la naturaleza dijera, "Está bien hombre, el juego es tuyo. Juega como mejor te parezca. Yo voy a servirte, pero no te engañes, te voy a reflejar con exactitud lo que realmente eres.
Si no te gusta lo que sucede, a mí no me perturbes.
Tú eres el árbitro de tu destino. Tú eres el capitán de tu alma.

"Te he dado todo. He implantado dentro de ti libertad, individualidad y libre albedrío. Finalmente, a traves de la experiencia aprenderás la mejor forma, la más sabia. Yo soy amor lo mismo que ley, belleza lo mismo que razón, sentimiento lo mismo que intelecto. Tú estás en el camino de la auto determinacion. Tu fantástica voluntad que solo busca bienes para ti sin desearlos para los demás, te puede conducir a muchos callejones sin salida, y puedes encontrar desilusión y disgusto, pero a la vez he colocado dentro de ti una brújula y un mapa. Hay un camino que puedes seguir hacia la felicidad, la integridad, la paz y la alegría.

"Algún día seguirás este camino porque te he provisto de un espíritu que intenta guiarte en todo momento, manteniéndose a un lado para dejarte en libertad de ignorar parcialmente esa chispa que es parte de Mí Mismo. A través de todas las etapas de tu experiencia, ahí estoy Yo".

"Algún día, cuando te sientes al lado del camino, cansado de luchar, escucharás profundamente y oirás una voz diciéndote, "Éste es el camino, síguelo." Y aún entonces esperaré, porque tú eres tú y no puedes regresar a la casa del Padre sino como una individualización completa y perfecta de Mí Mismo. Yo estaré siempre esperando. No te haré reproches cuando regreses. Te daré la bienvenida. La hora de tu regreso será cuando tú lo decidas. Puede ser ahora o en cualquier momento de esta vasta eternidad que se extiende ante ti".

La libertad que la Sabiduría creadora ha diseñado para el hombre, es maravillosa más allá de la percepción humana. La Vida ha dado al hombre un sentido intuitivo de las cosas, le ha permitido evolucionar a través de incontables etapas de prueba y error hasta el día de su redención, sabiendo siempre que esta redención es cierta. Pero por lo que concierne al hombre, el momento, aún de la eternidad, radica en su aceptación inmediata o tardía. Podría ser hoy o mañana. Pudo haber sido ayer. Vivimos en un ahora universal y este ahora espera nuestra aceptación.

Mucha gente pregunta naturalmente, "¿Si Dios es bueno, si Dios es amor, si Dios es paz, por qué hay tanta confusión?" ¿No crees que incluso Dios no habría podido hacerlo de alguna otra manera? ¿No ves que incluso la Voluntad Divina, al establecer el destino del hombre, se obligó a dejarlo forjar su propio futuro?

Mientras más medites en esta idea, más clara te parecerá. ¿Crees que habría sido posible ser de otra forma? Tú no desearías ser un autómata, más de lo que desearías ser una col, o una ola en el océano, o el nudo de un árbol. El regalo más grande que la Vida pudo haberte dado eres tú mismo. Tú eres un centro espontáneo de vida, con libre albedrío, en el gran drama del ser, en el gran gozo de convertirse en la certeza de la eterna expansión. No podrías pedir más y nada más podría habérsete dado.

La Vida será para ti lo que tú seas para la Vida. Necesariamente hay un Molde Divino en el centro de todo lo que existe. Éste es el Cristo en ti esperarando reconocimiento. De alguna manera debes unir tu voluntad, tu intelecto, tu pensamiento, tu imaginación y tu sentimiento con la Presencia Divina que ya está allí. Entre esta perfección y esta integridad, que ya existen, y tu intelecto, tu ambiente y tu vida diaria, está la experiencia acumulada de tu mente subconsciente.

En realidad la mente subconsciente no existe, por lo que no es otra mente lo que el analista analiza y el psicólogo estudia, sino simplemente el pensamiento y sentimiento de todos los tiempos operando a través de ti. No es más una mente aparte o separada de la ley de la gravedad que te sostiene a la tierra, es una ley individual. Todas las leyes son universales y pueden individualizarse. Lo que existe entre tú y tu gran bien es cosa de tu pensamiento y nada más. No es la Realidad lo que hay que cambiar, sino tu reacción mental hacia ella.

Aquello que se llama estado subjetivo de tu pensamiento, los moldes acumulados, está atrayendo o rechazando automáticamente. Estos moldes, automáticamente están volviendo a sembrar sus propias semillas en el medio creativo de la mente. Y lo seguirán haciendo así hasta que los cambies. Lo harán sin necesidad de que tu intelecto así lo disponga.

Tu esperanza radica en el hecho de que puedes cambiar estos moldes. Quizá no en un momento o en un día, o en un mes o en un año, pero sí puedes cambiarlos. Éste no es un proceso de hacer meramente afirmaciones, o de mantener pensamientos, es un proceso de la re-educación gradual de toda tu reacción mental. Se trata del proceso de seguir tu intuición de regreso al molde, de irlo sintiendo, de aceptarlo, y de actuar como si estuviera alli.

Todo esto es tan simple que a primera vista parecería imposible que pudiera ser así, y sin embargo así es. Al observar tus acciones y reacciones mentales, particularmente aquellas que están enraizadas en el sentimiento, al observar tus expectativas, sentirás impulsos que brotan desde tu interior, hábitos de creencias, patrones de pensamientos, muchos de los cuales son negativos.

Al pesar y medir cuidadosamente el funcionamiento de esta expectativa inconsciente salir a la superficie, puedes detectar lo que tiene que ser cambiado. Si puedes aceptar que estos impulsos son patrones de pensar que han sido establecidos por ti mismo o por la consciencia colectiva humana, reconocerás que pueden ser cambiados adoptando patrones de pensamiento exactamente opuestos. Esto no será tanto una cuestión de luchar con los viejos patrones, sino de eliminarlos gradualmente.

Te darás cuenta, si sigues cuidadosamente algunas reglas y métodos simples, que cuando los pensamientos de confusión persisten en seguir saliendo a la superficie, tus declaraciones de paz los neutralizarán. Cuando los pensamientos de miedo te asalten, declaraciones de fe contrarrestarán su acción. Cuando te llenen pensamientos de infelicidad, pensamientos de felicidad y gozo serán transmutados por la alquimia del Espíritu.

En primer lugar hay que alcanzar la paz mental. Sólo a base de paz puedes persistir con absoluta certeza. La paz por sí sola produce confianza. Hay una intuición dentro de ti que ya sabe que tú y el bien son una sola cosa, que tu destino es seguro, y debes escuchar esta intuición porque es la voz de Dios dentro de ti.

Naturalmente, muchos preguntan, "¿Existe un camino secreto? ¿Alguna forma oculta? ¿Alguna gran cosa que solamente unos cuantos saben, los grandes y sabios, que yo debo aprender? ¿Debo ayunar, concentrarme y orar sin descanso? ¿Debo rogar o implorar? ¿Debo reparar todos los errores que he cometido para ser redimido? ¿Debo renunciar a todo para tener paz? ¿Cómo voy a ser salvado?"

Desafortunadamente, muchos sufren por la idea errónea de que hay profundos secretos, caminos sutiles y desconocidos que sólo unos cuantos conocen, grandes verdades reveladas sólo a unos cuantos, y por lo tanto la búsqueda continúa a traves del camino o misterio. Muchos sinceramente creen que cada error que han cometido se guarda en su contra por tiempo indefinido. Muchos otros creen que Dios los está probando, y muchísimos más creen en la necesidad de caminos tortuosos, ritos extraños y misteriosos en la adhesión a ciertas formas y rituales.

Tú vas a tomar un camino más simple y directo, el de tu intelecto hacia tu verdadero Yo. Sin interponerte en el camino de otros (que sin duda es bueno para ellos), conviértete en un alma directa y simple. La respuesta no está en libro alguno sino en ti mismo.

La hora de la redención no es algo que se extienda a través de encarnaciones sin fin ni de purgatorios igualmente sin fin. Jesús, el sabio, proclamó que su reino está a tu alcance, que la onceava hora no es demasiado tarde, que el momento de tu redención es esa fracción de segundo en el que la suma total de tu pensamiento, incluye lo que pertenece al reino del bien.

Cuando la primera casa fue iluminada con electricidad, la oscuridad no se quejó y dijo, "Cuánto tiempo he estado oscura. Qué ignorantes han sido los que permitieron tal oscuridad. Qué lamentables errores han hecho". La oscuridad no dijo nada cuando la luz brilló; y la luz brilló en esa oscuridad y ésta se desvaneció. No hubo más camino misterioso que el descubrimiento de la luz. No hubo juicio de la oscuridad contra la luz. No hubo ninguna acción de la oscuridad sobre la luz. La luz simplemente exclamó, "Mirad, he llegado!" Y la oscuridad desapareció.

El eterno Dador es igualmente el eterno Indulgente y el amor siempre contrarresta el odio. El gozo siempre ahuyenta la tristeza, y la bondad derrota la maldad. La paz neutraliza la confusión, y la esperanza elimina la duda. ¿Puede haber algo más simple? No demores tu felicidad pensando que tienes aún mucha maldad que derrotar. Lo que distingue la enseñanza de Jesús en forma tan gloriosa de la de todos sus predecesores y de la mayoría de sus seguidores, es este simple hecho, este gran pensamiento, "Mirad, el reino de Dios está a la mano".

Jesús no dijo al ladrón en la cruz: "Eres un miserable pecador y tienes que sufrir a través de interminables años de castigo". Esta gloriosa alma que cantó el gran salmo de vida, meramente dijo: "Vas a dormir al pasado y a despertar al futuro. Hoy estarás conmigo en el paraíso". Él no dijo al trabajador que llegó a la onceava hora, "Tú, hombre miserable e improductivo, ¿cómo esperas entrar al viñedo tan tarde?" Él dijo: "Mira, los campos están listos para la cosecha, apresta tu cizalla. Los viñedos producen fruta, recoge las uvas. El vino de la vida espera, el cáliz del amor se derrama, bebe". Jesús no dijo al pecador, "Tus pecados no son perdonados". Él dijo, "Estás perdonado". ¡Qué escasamente hemos comprendido esta verdad!

Jesús no tenía enseñanza secreta ni ciencia oculta. No se complacía en ritos misteriosos. Las verdades que enseñó fueron pocas y simples. Él dijo que las leyes de la vida se repiten en cada plano del ser. El enseñó la necesidad, de no reprimir nuestros deseos, sino de expresarlos constructivamente. La enseñanza de Jesús fue que el universo está hecho de amor y orden. Dios es amor. El amor es dar; el amor también es perdonar. Hay una ley de causa y efecto que automáticamente obliga al hombre a cosechar lo que siembra. El día que cese de sembrar error, empezará a cosechar verdad. Cuando deje de sembrar odio, cosechará amor. Cuando deje de sembrar condenación, será perdonado. Cuando deje de sembrar miedo, cosechará la fe.

Aquí no hay misterio. Sólo demostraciones simples y directas de causa y efecto, la necesidad inevitable del bien derrotando finalmente el mal, el concepto glorioso de que el Reino de Dios en toda su maravilla y belleza, existe eternamente, inalterable, esperando su reconocimiento.

Ya que primordialmente tú eres un ser espiritual y mental, debes reorganizar tus pensamientos para encontrar, aceptar, armonizar y unirte a este nuevo concepto. Nadie puede hacer esto por ti como tú mismo puedes hacerlo. Trata de simplificar todo el proceso, hazlo directo. Estás iniciando una gran aventura, un viaje maravilloso. Tu guía es el amor, inspirado por la verdad, y tu futuro será como tú lo hagas.

CAPÍTULO 5

Es maravilloso saber que el bien que deseas está a tu alcance. Tu noche se desvanece. Tu alborada aparece.

En el centro de tu ser hay un espíritu viviente. Dentro de ti y a tu alrededor está El Autor original de la vida, no un Dios que fue, sino un Dios que es. Éste es el gran secreto que compartes con la Vida. La Vida está donde tú estás. Gira a tu alrededor y a través de ti. Mantén abierto el portal de tu mente. En comunión con esta Vida, sintiéndola, pensando en ella, sabes que ella te llena de luz y de poder.

Aprende a cambiar temores, dudas e incertidumbres por fe. La fe te puede salvar. La fe puede convertir el miedo en seguridad, la pobreza en riqueza, la enfermedad en salud. La fe puede elevarte de un valle de desesperación a una montaña de esperanz y certeza. Hay un poder que fluye en tus palabras de fe. Hay una ley de la fe que tiene el poder de producir en tu vida todo lo que necesites.

Jesús entendió esto. Fue por medio del uso de su fe que sanó a los enfermos, resucitó a los muertos, devolvió la vista a los ciegos, alimentó a las multitudes. Dijo que quienquiera que lo crea podría hacer lo que Él hizo. Dijo que tú puedes hacerlo. Este poder está dentro de ti. Está donde tú estás. Es tuyo. Pero tienes que usarlo.

No necesitas practicar nada para unirte con este Poder, porque ya eres uno con dicho Poder. No tienes que buscarlo puesto que está donde tú estás. Debido a que siempre estás en contacto con Él, puede producir en tu vida el bien que tanto deseas, pues Él hará honor a tus deseos. Los manifestará en tu vida. De manera que di para ti mismo:

> *Yo pongo todos mis asuntos con suprema confianza en las manos de la bondad, el amor y la sabiduría.*
> *Tengo la fe de un niño en Dios y confío en el bien.*
> *Sé que nada se interpone entre el bien que deseo y yo.*
> *Estoy lleno de fe y entusiasmo.*
> *Con gusto me doy de lleno a la vida.*

La más grandiosa aventura de tu vida está en el uso consciente de este poder. No necesitas creer en ninguna religión en particular para descubrir el manantial de la vida. Lo encuentras en el centro de tu propio ser, en la quietud de la tarde, en el silencio de la noche, en la alborada de un nuevo día, en medio de la actividad.

Nada puede ser más inmediato o personal para ti que esta Presencia que existe en todo, y sin la cual no podría haber vida, pensamiento ni acción. Acepta esto aquí y ahora mismo. Di para ti mismo:

> *Estoy consciente de que el bien está expresándose a través de mi pensamiento.*
> *Mi mente está abierta a la afluencia de la verdad. Soy guiado.*
> *Estoy informado.*
> *Estoy protegido.*
> *Soy conducido por caminos de paz y bondad.*

No tienes que moldear tu vida de acuerdo con la de ninguno otro. Confía en ti mismo. Cree en tu relación directa con la Vida y no te decepcionarás. Empieza exactamente donde te encuentras ahora.

La electricidad existe en todos lados, pero tiene que ser dirigida. Lo mismo sucede con el Poder del que hablamos. Si quieres que Éste sea distribuido a través de tu pensamiento en cualquier dirección que desees, tienes que usarlo conscientemente. No hay que rogar que este Poder exista. Su uso no es una imploración a este Poder, sino el reconocimiento de Él. Esto no es una petición sino un acto. Di:

Reconozco la presencia del Espíritu viviente en mi interior.
Mi cuerpo físico está formado de substancia espiritual.
Fue concebido por la divinidad y creado con perfección.
Hay perfecta coordinación en cada parte de mi ser porque el Espíritu de Perfección actúa dentro y a través de mí.

Reconocer que Dios está presente en todas partes, siempre disponible, es saber que toda la sabiduría, la inteligencia y el poder del universo están exactamente donde tú estás. Tu palabra es poder cuando sabes esto. Por esa razón, todo en tu vida depende de tu creencia, que todo se hace en ti como tú lo creas. Cambia tus creencias y podrás cambiar tu mundo.

No permitas que nadie te diga que esto no es verdad. Aquellos que lo han usado en forma correcta han demostrado que es cierto. Aquellos que no lo han intentado no saben nada sobre ello. No discutas con ellos. Déjalos en paz.

La respuesta a tus problemas no radica en la voluntad de Dios sino en tu habilidad de creer. Ciertas afirmaciones repetidas una y otra vez te ayudarán a creer. Gradualmente estas declaraciones penetran en tu consciencia cambiando tus reacciones de negativas a positivas. Di:

La Ley del Bien está continuamente actuando en mi vida.
No hay nada que no pueda hacer.
Tengo confianza en mi habilidad de solucionar toda situación.
Yo puedo resolver todo problema, toda dificultad. Reconociendo

que para el Espíritu no hay obstrucción alguna, tengo confianza implícita en su habilidad de actuar dentro de mí en todo momento y frente a cualquier situación.

Cuando usas la palabra "Dios", te estás refiriendo al Poder que todo lo crea, que le da vida a todo. Cuando dices, "Todo es posible", quieres decir que el Poder que creó los planetas está funcionando ahora en tus asuntos, dentro y a través de todo lo que haces. Tu fe en Él libra tu mente de miedo e incertidumbre y proporciona un conducto por medio del cual este Poder puede trabajar para ti. No hay nada que este Poder no pueda hacer por ti si aprendes a usarlo. Es imposible que fracase. Todo fracaso viene del ser humano, nunca de Dios.

Es un hecho reconocido que todo pensamiento repetido con frecuencia forma moldes en la mente que automáticamente se manifiestan. Éste es uno de los principios básicos del conocimiento de la mente. Esta ilustración la usan con frecuencia los psicólogos para explicar las condiciones neuróticas que se repiten continuamente. ¿Por qué no usar esta ley creativa en forma constructiva, eliminando viejos hábitos de pensar con sus reacciones sórdidas hacia la vida? Estas formas de pensar han hipnotizado a la humanidad haciéndola creer que el miedo, la infelicidad, la pobreza, la enfermedad tienen que existir. ¿Por qué no disipar esta oscuridad mental con el glorioso concepto de una nueva luz que ahora se sabe que existe? Di:

Mi mente está abierta ahora a nuevas ideas.
El Espíritu es por siempre creativo dentro de mí. La Mente Divina es inagotable.
En el Espíritu no existe acción monótona ni cansada.
Él es siempre nuevo y vibrante, y con ideas frescas.
Sé que continuamente estoy recibiendo nuevas impresiones de la Vida, formas de vivir nuevas, mejores y más grandiosas.
Ahora dejo que la novedad, la frescura y originalidad del Espíritu impregnen mi conciencia completamente.

Si quieres cambiar las lágrimas por la alegría, olvida las lágrimas y mira hacia la alegría. Cambia tus imágenes mentales y crea así nuevas inspiraciones. No sólo debes reconocer que Dios está exactamente donde tú estás sino también debes saber que la Ley de Dios te responde. Di:

Yo siento mi unión con la Vida.
Ahora penetro en el gozo de la unión consciente con el Infinito.
Existe sólo una Mente, esta Mente es Dios, esta Mente es mi mente ahora mismo.
Estoy consciente de la Paz Infinita, del Divino Gozo y de la Seguridad Total.

El Espíritu está en el centro de todo. Es el centro de toda personalidad. Lo mismo que es una gota de agua en el océano, eres tú en cuanto al océano de la Vida. Esta Vida actúa como ley sobre tu pensamiento.

Quizá esto parezca demasiado bueno para ser verdad. Recuerda sin embargo que el primer vapor que cruzó el océano llevaba en la cabina un libro en el que se explicaba cuidadosamente por qué un barco no podía funcionar por medio del vapor. Una nueva energía se anuncia al mundo, el poder creativo del pensamiento que extrae su energía de una fuente universal.

Tu consciencia, o sea, la suma total de tus pensamientos, es el medio que existe entre la Causa invisible y tu vida personal. Aunque estuvieras en el infierno, si te refugiaras en pensamientos celestiales, inmediatamente te encontrarías en el cielo. Si estuvieras en el cielo y pensaras en la maldad, inmediatamente te encontrarías en el infierno. La maldad es el resultado del uso equivocado de la Ley de la Vida. Por lo tanto, tu mayor anhelo debería ser usar esta Ley correctamente. Siempre la usas constructivamente cuando no dañas a nadie, cuando la usas con amor.

No es necesario pasarse la vida entera en oración y meditación. Más bien, haz de tu trabajo una oración, de tu creencia un acto, de tu vivir un arte. Es entonces cuando el objeto de tu fe se te vuelve visible. Es entonces cuando puedes "besar los labios de tu deseo".

Tu pensamiento es creativo, pero no porque desees, esperes, ruegues, o anheles que así sea. Tu pensamiento es creativo porque hay una ley creativa operando sobre él. Tú no hiciste esa ley, sólo la usas. Di:

> Mis asuntos están atendidos por la Infinita Sabiduría. A mí me guía la Inteligencia Divina.
> La actividad del Espíritu inspira mi mente y fluye a través de mis acciones.
> La Vida se abre frente a mí, rica, completa y abundante.

Es importante que mantengas una estricta vigilancia sobre tus pensamientos. Al igual que cuidas que en tu jardín no caigan malas semillas que puedan producir plantas indeseables, debes asimismo negar la entrada a pensamientos que no deseas ver manifestados en tu vida.

Cuida bien el jardín de tu mente. Es el jardín de Dios de tu alma. Es el Jardín del Edén donde pueden crecer tus más caros anhelos y esperanzas, produciendo así las flores del éxito. O, si lo permites, las hierbas de la destrucción, el miedo y la duda ahogarán la belleza de la esperanza, dejando sólo la desesperación. Vigila pues cuidadosamente el jardín de tu alma. Planta en él sólo semillas de felicidad, de gozo, de paz y de buena voluntad.

Puede ser necesario cultivar tu jardín, arrancar las hierbas y enderezar las zurcos, plantar semillas nuevas, ideas nuevas, visiones más amplias, y realizaciones de Vida más profundas. Las nuevas aspiraciones deben ser plantadas aquí fertilizadas con el fervor de la esperanza, la convicción de la fe, la belleza de la integridad y la quietud de la paz. Vigila tu jardín con cuidado, protégelo con paciencia, esperando una nueva cosecha, porque cosecharás lo que siembres.

Planta amor en tu jardín. La bondad y la simpatía brotan del corazón del amor, y la bondad humana sigue la realización divina en cada instante en el camino de la vida. La bondad y la comprensión son llamas divinas encendidas en el altar del amor sobre el que brilla la Luz Eterna.

Visita tu jardín con frecuencia. Sentado bajo el Árbol de la Vida en comunión quieta y fresca, encontrarás nueva inspiración. Dios mismo creará cosas nuevas a través de ti.

El Poder del Espíritu que está siempre contigo es suficiente para satisfacer todas tus necesidades. Si necesitas salud, este Poder puede sanarte. Si necesitas felicidad, el Espíritu te la puede dar. Si necesitas medios para vivir, el Dios que siempre está contigo te los puede dar. No importa en qué situación te encuentres, ésa puede cambiarse. Los vientos de Dios no cesan de soplar. Iza las velas de tu esperanza para que estos vientos las encuentren. Aprende a beber libremente de la fuente de la Vida.

Puede parecer extraño que la ley que ahora te mantiene preso pueda fácilmente darte la libertad. Pero es la verdad. En el universo no pueden existir dos poderes definitivos. Si los hubiera, el uno destruiría al otro. Solo hay un Poder, ¡úsalo!

En la medida que tu pensamiento tenga preponderancia del sentimiento de éxito, tu vida será exitosa. La Ley de la Vida puede trabajar para ti sólo de acuerdo con tus hábitos de pensar. Ya que te es posible controlar tus pensamientos, es posible asimismo controlar tu destino. Di:

Yo soy un alma libre.
Yo soy libre completa y positiva, eternamente.
Estoy libre de duda, miedo e infelicidad hoy y siempre.

CAPÍTULO 6

El Espíritu nada te niega.
Creer que Dios te niega el bien que deseas, es negar la bondad
de Dios. Es rechazar la profunda conclusión del que dijo,
"Hágase en ti como tú lo crees".

Con frecuencia tal vez suceda que aunque empieces con una convicción entusiasta te encuentres desamparado en la roca de la incredulidad. No permitas que esto te desanime. La ley continúa siendo la misma, se hará en ti de acuerdo a tu creencia. No importa qué tan sutiles sean tus pensamientos de carencia, miedo, incertidumbre o soledad, estos no te pertenecen. Tu afirmación los puede eliminar. Conviértete en el amo de tu pensamiento, y por lo tanto, en el amo de tu destino.

Haz esto siempre sintiendo tu unión con el bien, pues no estás solo para luchar en vano contra las fuerzas del mal. Se te ha dejado solo con el fin que descubras tu verdadera naturaleza, y que como individuo, puedas conscientemente unirte con la Ley de la Vida y a la Presencia del Bien.

¿Recuerdas la historia de Jesús acerca de la mujer que pidió ayuda al juez? Al principio el juez se la negó porque estaba descansando en el seno de su hogar y no quería que se le molestara. ¿Te acuerdas de la persistencia de la mujer? Ella no se conformó con la negativa. Siguió llamando a la puerta hasta que su fe y determinación le fueron premiadas.

Ésta es la historia de tu vida, y de la vida de todo ser humano. Simplemente sigue tocando a la puerta de tu consciencia hasta que cada "no" se convierta en un "sí", cada negativa en afirmación, y cada temor en fe. Tú no puedes fallar si te mantienes firme. Finalmente, los yugos de la esclavitud se soltarán. Saldrás de tu prisión voluntaria sólo para descubrir que la puerta realmente nunca estuvo cerrada con llave, y que la ventana tuvo barras. Estuviste esclavizado solamente por las cadenas de tu incredulidad.

Si escuchas a la paz, la experimentarás. Si escuchas a la verdad, la oirás. Si escuchas al poder, lo recibirás. Si escuchas a la integridad, la descubrirás.

La ley creativa que usas es como un espejo. El pensamiento que le coloques enfrente es como una imagen. El espejo refleja la imagen que se le presente. Coloca por lo tanto la imagen de la fe y la expectativa, con convicción entusiasta y fe imperecedera. Lo único que te puede obstaculizar eres tú mismo. Lo único que te puede ayudar eres tú mismo, porque tú eres quien refleja la imagen en el espejo.

Con frecuencia gente buena y sincera pregunta si puede usar el poder divino con propósitos personales. Nadie piensa que esté mal usar las otras leyes de la naturaleza con propósitos personales. Las leyes de la mente y del Espíritu son leyes naturales. La única diferencia entre éstas y aquellas es que la mayoría de la gente no se ha dado cuenta de que puede usar las leyes espirituales al igual que las naturales.

No vaciles en usar esta ley para cualquier propósito que sea constructivo. El uso de las leyes espirituales no es más egoísta que plantar un jardín para uso personal. Además, no hay manera de escapar de esta ley porque es tan íntima como tu propio pensamiento, tan personal como tu propio ser.

El mundo muere de hambre en medio de la abundancia, llora en medio del gozo. Sin embargo, el eterno maná jamás ha cesado de caer. Los campos de Dios están listos para la cosecha. El jardín de tu mente fue plantado por una Inteligencia superior a la tuya. Entra y acepta la tierra prometida. Cuando aceptes esta simple verdad, recibirás. Cuando toques con la inocencia de un niño, la puerta se abrirá. Cuando busques con aceptación entusiasta, encontrarás.

¿No dijo el divino Jesús, "Venid a mí aquellos que trabajan y llevan fardos pesados, y yo les daré el descanso"? La realidad no ha cambiado desde que Jesús caminó a las orillas de Galilea. El Poder que Él usó aún está aquí.

No importa qué método emplees, con tal de que sea con convicción. Algunos te dirán que deberás afirmar la presencia divina y negar todo lo demás. Está bien; este método da resultados. Otros te dirán que todo lo que necesitas hacer es pedir con fe. Tienen razón. Cada uno recibe según su creencia. No te preocupes demasiado sobre qué método usar. Cualquier método que te conduzca a la convicción producirá resultados.

Deja de argumentar. Aprende a creer. Deja de debatir. Aprende a aceptar. Deja de buscar autoridad alguna fuera de tu propia convicción. Esto requiere confianza total en la Ley, e igual confianza en ti mismo. Si quieres ser sanado debes esperar con certeza ser restaurado. Si deseas libertad, deja de pensar en restricción. La esclavitud y la libertad no son sino dos formas de usar una misma ley. Si te pasas el tiempo diciendo, "soy pobre, débil, enfermo, miserable e infeliz", atraerás pobreza, debilidad, enfermedad e infelicidad.

Usa tu intelecto, imaginación y sentimiento con el propósito de ver y sentir libertad en lugar de esclavitud, gozo en lugar de infelicidad, abundancia en lugar de necesidad, salud en lugar de enfermedad. La negación misma del bien mantiene ese bien alejado de ti. Invirtiendo este proceso por medio de la afirmación te producirá el resultado deseado.

Abre las puertas de tu consciencia a la Presencia Divina y la luz te invadirá. Comulga conscientemente con el Espíritu y recibirás la respuesta directa. La respuesta siempre irá de acuerdo con tu individualidad porque tú eres Vida individualizada. Nadie puede tomar tu lugar. En el Espíritu no hay competencia ni monopolio. Al venir diariamente hacia la Fuente Suprema del Ser por inspiración y guía, recibirás un nuevo influjo de Vida, siempre de acuerdo con tu necesidad. Al comulgar con el Espíritu recibirás inspiración, confianza y fe, paz y serenidad.

Desde esta consciencia espiritual, tu palabra se vuelve ley sobre aquello a lo que está dirigida. Sobre ésta actúa la Ley de la Vida. Tu autoridad no es egoísmo ni arrogancia. Es la autoridad que viene de una consciencia alineada con el Infinito.

Practica la Presencia del Espíritu hasta que todo tu ser se inunde con Su luz. "¿A dónde huiré de vuestro Espíritu? O, ¿a dónde escaparé de vuestra presencia? Si subo al cielo ahí estaréis... si voy en alas de la mañana y habito los lugares más recónditos del mar, aún allí vuestra mano me guiará... Si yo dijera, seguramente la obscuridad me cubrirá, aun la noche se volverá luz a mi alrededor". Di:

> *En mi vida existe una ley que dondequiera que vaya, el camino estará preparado frente a mí, inmediato, perfecto, libre, derecho y fácil.*
>
> *Soy impulsado a ver y entender cada oportunidad que se me presenta, y a manejarla inteligentemente.*
>
> *Siento la urgencia de hacer físicamente lo que sea necesario para manifestar esta ley.*

La oración de poder es una afirmación en la que se cree completamente, que ya no hay nada que la niegue, consciente ni inconscientemente. Cuando tu Oración o Tratamiento alcance una aceptación total, ésta será contestada. Entra al lugar más profundo de tu mente, cierra la puerta y habla con autoridad total. Tú eres uno con la Infinita Presencia que puede inspirar, uno con la Ley Universal que puede obrar. Di:

No hay nada en mi mente que obstaculice al Espíritu en su propia manifestación a través de mí, con gozo, felicidad y paz.

La ley de mi vida es que, dondequiera que voy encuentro gozo, amistad, gratitud, recompensa, con amplia oportunidad para expresar cada uno de los talentos y habilidades que poseo.

Toda puerta se abre ante mí.

Nada sale de mí sino bondad, verdad, amor; por lo tanto nada más que bondad llega a mí.

Cuando se te presenten ideas de maldad, carencia o miedo, usa tu dominio sobre ellas. Date cuenta que tu fe es la ley de eliminación de la maldad. Lo que no existe es una ley espiritual de discordia, enfermedad ni carencia. Las leyes del Espíritu son totales, perfectas y buenas. Desde el punto de vista de la Vida dentro de ti, todo lo que niegue esto es falso.

Tú no pones el poder en tu palabra sino que lo extraes. Cuando tu palabra se basa en Amor Divino, Bondad Infinita y Paz Eterna, puedes saber que ésa ya no es más la palabra de una persona aislada, sino que es la palabra del Poder Supremo dentro de ti, no un poco poderoso, sino Todopoderoso. Di:

Yo me identifico con la abundancia, la salud y la felicidad.
Estoy asociado con la vasta totalidad.
Me identifico con todo lo que es necesario para que mi vida sea completa.
En mí no existe depresión ni miedo a la carencia, a la inseguridad, ni a la pequeñez.
Yo creo que Dios es el Todo en Todo, sobre todo, en todo lo que vaya a encontrar.
Estoy lleno de paz y confianza.

Tú eres, como Emerson suponía, un órgano a través del cual el Espíritu ejecuta Su voluntad y realiza Su creatividad. Dios no depende de ti. Tú sí dependes de Dios. La energía eléctrica existe independientemente del uso que se le de. Sin embargo, el aparato mecánico sí depende de la energía eléctrica. Es sólo al grado en que este aparato mecánico permita el flujo de energía, que ésta puede ser distribuida. Lo mismo sucede con tu mente. La Energía Divina fluye a través de tu pensamiento.

La naturaleza del Principio de la Mente que estás usando, es que dondequiera que una imagen mental se le presente, se creará una forma objetiva. Aprende a convertir hábitos de pensar en enfermedad, infelicidad, miedo y duda en hábitos que concuerden con la perfección espiritual. Tú no puedes cambiar un hábito de pensar de miedo manteniendo una actitud de miedo o fluctuando entre el miedo y la fe. Construye una imagen de ti mismo feliz y exitoso. Rechaza ideas contrarias. Ya que eres el único que tiene acceso total a tu pensamiento, tú puedes hacer esto mejor que nadie.

Tú no puedes ser responsable de la aceptación de otros. Cada uno es un individuo. Si derramaras un océano de amor sobre otra persona, ésta tendría que aceptarlo. Un cubo que está boca abajo ni un aguacero lo podría llenar. Aún cuando el maná descienda del cielo, uno permanecerá hambriento a menos que lo coma.

No siempre es fácil para uno controlar sus pensamientos. No es fácil en medio de la pena pensar en la paz, en medio de la pobreza pensar en la abundancia, en medio de la infelicidad pensar en el gozo. Pero si de todas formas lo haces, triunfarás. La ley de la Mente refleja tus actitudes mentales exactamente como son. Di:

Aquello que busco me está buscando a mí. Aquello que me pertenece viene a mí.

Ya que mi deseo es dar sólo el bien, la verdad, el amor, la sabiduría y el poder, declaro que sólo esto vuelve a mí.

El reino de Dios está en mí y a mi alrededor.

Sé que el poder del Espíritu Viviente existe dentro de mi ser.

Ahora piensa en un deseo y di:

Hecho está.

Aún Dios debe esperar tu cooperación consciente antes que la luz total de Su presencia y el poder de Su ley se puedan manifestar a través de ti. Tu cooperación consciente con Él empieza con una realización de la Presencia Divina y tu unidad con Ella. Di:

Sé que la Presencia, el Poder y la Actividad del Espíritu Viviente están dentro de mí y a mi alrededor.

Sé que la Ley de Dios, que es perfecta, está operando a través de mí.

Sé que sólo hay una Mente, la Mente de Dios, y que esa Mente es mi mente.

No existe en esta Mente ni el miedo, ni el recuerdo del miedo, ni la expectativa del miedo.

No existe pensamiento alguno de carencia, de necesidad o limitación en esta Mente.

Esta Mente está trabajando en mí ahora mismo.

Ahora expresa tus deseos y acéptalos como hechos ya manifestados en tu vida.

Cada órgano, función, acción y reacción de tu ser físico, tu circulación, asimilación y eliminación son partes de un Divino Molde ya perfecto dentro de ti. Di:

No existe obstáculo para la acción de este molde. No hay irritación, agitación o inflamación.

No hay sensación de infelicidad o enfermedad. No existe confusión alguna en el Espíritu y por lo tanto, tampoco existe en mí.

A través de mí hay una circulación divina que nunca está inhibida, retrasada o congestionada.

Esta circulación está libre, completa y perfecta automáticamente eliminando todo lo que no pertenezca a la pureza del espíritu.

Cuando crees con convicción total, la Ley de la Mente acciona en tu pensamiento exactamente como lo crees respecto al objeto, condición o persona en que estás pensando. Esto ha sido comprobado por la experiencia repetida de miles de gentes durante los últimos cincuenta años. El principio que estás usando ha sido científicamente demostrado. Ahora es solamente cuestión de qué tan efectivamente lo uses. Di:

La Mente dentro de mí es Dios, que no tiene miedo a nada. No recuerda, ni espera, ninguna experiencia de infelicidad. En el centro de mi ser hay una serenidad total, fe perfecta y confianza.

Yo soy por siempre uno con el Espíritu, soy de Él, estoy en Él. Yo soy una manifestación del Espíritu Puro.

En mí no hay condenación, juicio, idea de pecado, error, castigo, peso, duda o miedo –ni amargura, ni odio, ni conflicto.

CAPÍTULO 7

Tu fe puede penetrar las nubes de la incredulidad y revelar la Verdad que siempre es perfecta. Tus palabras no crean esta Verdad sino que solamente la revelan.

Como ilustración, imagina que estás mirando un cuadro de un hermoso paisaje. En este cuadro hay árboles, una casa, un arroyo, una hermosa pradera, y detrás hay montañas y un cielo azul, moteado con nubes. Lo contemplas por largo rato, admirando su belleza.

Ahora, supongamos que se coloca un vidrio de color entre el cuadro y tú, y que el cuadro se ve borroso. Todo parece distorsionado y sin embargo no le ha pasado nada al cuadro. Tu responsabilidad es quitar el vidrio de color. El cuadro aún está allí en la pared y por lo tanto se le puede ver.

Las declaraciones mentales son meramente un método usado para aclarar las imágenes mentales. Ni las afirmaciones, ni las negaciones, ni las declaraciones crean el molde de perfección, y tampoco lo cambian. Éstas solamente reajustan tu manera de pensar. Si pudieras reajustar tu manera de pensar instantáneamente, tendrías resultados instantáneos. Si toma tiempo, no te desanimes porque estás trabajando con un Principio definido que no puede fallar.

Tu deseo de expresión personal es inherente en el Molde Divino mismo, y es debido a esto que intuitivamente sientes este Modelo al que ansías regresar. Aprende a confiar en tu intuición, la cual hace que sientas el Modelo. Di:

> *No hay nada en mí que pueda obstruir el Divino Modelo.*
> *Sé que cada órgano, acción y función de mi ser actúan de acuerdo con la ley universal de la armonía.*
> *Toda duda, miedo, confusión o incertidumbre, quedan eliminados de mi mente.*

Hay una corriente de Vida que fluye por cada órgano y función de tu ser. Esta corriente siempre está allí. Nunca para ni por un segundo. Si lo hiciera, el universo cesaría de existir. La inagotable energía existe al centro de tu ser. Por lo tanto, aprende a vivir sin esfuerzo. La actividad es el gozo de la vida que corre a través de ti.

Debe haber un lugar único para ti en el sistema de las cosas, puesto que no hay dos personas iguales. El Modelo Divino sería imperfecto sin ti. Atrévete a ser tú mismo. Contempla con asombro la majestad y la fuerza, la belleza y el poder de esa Presencia Divina que busca expresión a través de tu vida individual. Acepta el bien que hay. Todo lo que desees, cree que lo tienes. Di:

> *Renuncio a todo miedo, a toda duda. Abandono toda incertidumbre.*
> *Sé que no hay confusión, ni falta de confianza.*
> *Sé que lo que es mío me reclamará, me conocerá, se apresurará hacia mí.*
> *Acepto el regalo de la Vida para mí y para todos.*

Tu actitud mental debe ser definitiva, pero sin forzarla. Debe tener agudeza pero sin intento de concentración. Debe tener una dirección definida sin tratar de forzar nada. Debe haber una decisión positiva sin compulsión.

Si hay alguna duda en tu mente de que Dios o la Vida desean que tengas lo mejor, pregúntate: ¿Podría Dios, que es libertad, concebir la restricción? ¿Podría Dios, que es ilimitado, concebir la carencia, la necesidad, la limitación, o la esclavitud? ¿Podría Dios que es vida perfecta, concebir algo que limite el gozo de vivir? Si Dios desea la muerte, entonces Dios no es vida. Si Dios desea la carencia, entonces es limitado. Si la voluntad de Dios opera contra la paz, entonces Dios está confundido. Nada te premia o castiga sino la inmutable ley de causa y efecto. No hay bien que no puedas experimentar con tal de que primero lo personifiques. No hay gozo que no puedas alcanzar con tal de que primero libres tu consciencia de todo lo que limite este gozo en ti o en otros. Espera, acepta y recibirás. Di:

No hay juicio, condenación, ni crítica.

Sé que cualquier creencia en un poder que condena, o en un infierno que espera, o en cualquier demonio, es falsa.

Todas esas creencias quedan erradicadas.

Toda creencia queda erradicada.

Cualquier efecto de tal creencia queda borrado.

No hay condenación, ni juicio llegando o pasando a traves de mí.

Hay justicia, conocimiento, gobierno correcto, guía divina sin juicio.

Esto no significa que acepte mentiras ni piense que los errores son tan buenos como la acción correcta; simplemente significa que la Inteligencia Divina opera a través de mí sin confusión, calmadamente, avanzando progresivamente en espiral ascendente, exteriorizándose.

Me guía la Sabiduría Infinita hacia esa Luz que es eterna.

Mi alma está jubilosa.

La Voluntad de Dios para ti es el deseo de vida sin ataduras, fluyendo a través de ti. Es el deseo de gozo, de éxito, de felicidad, de paz, de abundancia. Es el deseo del Reino de los Cielos, que no está ausente de esta tierra, sino que se le ve imperfectamente.

Tú no puedes construir la felicidad o la sensatez sobre la proposición que Dios desea la maldad, que hay un demonio, un infierno ni un castigo futuro. La Ley de causa y efecto funciona siempre como justicia absoluta. Mientras dañes a otros te dañarás tú mismo. Mientras te niegues al bien, el bien se te negará en la misma medida.

La incesante lucha humana por la libertad es un intento de elevarse sobre las limitaciones que la consciencia del hombre sabe que son falsas. Cada descubrimiento científico es prueba de que la limitación no está ordenada por las leyes de tu ser. Los días de limitación en la locomoción y los viajes en carretas de bueyes no fue impuesta por un Divino mandato. Fueron impuestos por la ignorancia.

Cuando el hijo pródigo fue a un país distante, destituido, nada había sucedido con la Abundancia Divina. La casa del Padre no había sido desmantelada. El jardín celestial aún producía la fruta de la parra. Pero el hijo había vuelto su cara, sus ojos y sus oídos estaban cerrados, su consciencia estaba adormecida. Tenía que volver a sí mismo. Al volver a sí mismo, se encontró cara a cara con la Presencia celestial que todo lo penetra. Fue envuelto en los brazos del amor. Se le ofreció un banquete en su extravío. Hubo celebración, gozo, reconciliación.

¿Dónde había estado Dios todo este tiempo? Dios no se había ido a ningún sitio. La Divinidad está siempre presente y aparece siempre que se le reconoce. Al entrar completamente a la unión consciente con la Vida, reconocerás que el universo contiene tanto bien para ti como puedas tomar, y que tú sólo puedes tomar lo que das.

No puedes atraer amor a tu consciencia por medio del odio. No puedes atraer paz por la confusión. No puedes ver la belleza a través de la fealdad, ni oír armonía mientras tus oídos están llenos de discordia. Di:

Dios está donde yo estoy. Dios es lo que yo soy.
Todo lo que tiene Dios es mío ahora.

Hoy entro en posesión consciente de esta Totalidad Divina, de esta Abundancia universal, de esta Realidad perfecta.

Tú no robas a nadie cuando descubres tu propio bien. No limitas a nadie cuando expresas un mayor grado de vivir. No dañas a nadie siendo feliz. No robas a nadie al ser próspero. No obstaculizas la evolución de nadie cuando conscientemente entras en el reino de tu bien y lo posees hoy.

Tu pensamiento, operando a través de la Ley de la Vida, puede satisfacer tu necesidad, convertir el miedo en fe, la pérdida en ganancia, el fracaso en éxito. Actúa como si ya tuvieras dominio sobre el mal. Rehusa entretener imágenes de temor. Debes saber que el bien es el único poder que existe.

Cree que estás gobernado por la Inteligencia Divina que estás dirigido por la Guía Divina. Debes saber que todo lo constructivo que dices, piensas o haces se hace por medio de la Autoridad Divina. Que la libertad que ya existe en la Mente de Dios te pertenece y ahora se manifiesta a través de ti. Di:

La Libertad de Dios es mi libertad.
El Poder de Dios es mi poder.
La Presencia de Dios está en mí.
La mente de Dios es mi mente.
La Fuerza de Dios es mi fuerza.
El Gozo de Dios es mi gozo.

La consciencia de que Dios está dentro y a través de todo te permitirá ver mejor la perfección y la armonía en las personas y las cosas. Debes saber que el Espíritu está ahí donde estás tú. Es la esencia misma de tu ser. Está en el centro así como en la circunferencia de tu vida. Aprende a sentir esta Presencia Divina en cada pensamiento y en cada acto.

Deja que el calor y el color de esta Presencia penetren totalmente tu consciencia. Deja que tu pensamiento se llene de la atmósfera de amabilidad de la vida, de la dádiva y de la paz. Debes saber que la puerta de la oportunidad nunca está cerrada.

Debes saber que la experiencia se abre ante ti como se abre una flor. Vive en una anticipación continua y gozosa. Di:

> *El Espíritu dentro de mí es Dios.*
> *El Espíritu Viviente Todopoderoso está dentro de mí ahora.*
> *El Espíritu es el Principio sustentador de mi vida. Yo abro mi mente a Su influjo.*
> *Abro mi consciencia a Su influjo.*

A muchos les sorprendería cuando dicen, "¡Mi pobre cabeza!" "¡Mi pobre espalda!" "¡Mi pobre circulación!" que les dijeras que están en realidad usando una ley creativa en forma negativa. Las leyes de la mente no funcionan en un caso y se niegan a operar en otro. Cada vez que piensas, estás usando la Ley de la Mente. Entonces debes ser muy cuidadoso de pensar constructivamente.

Las leyes mentales son tan reales como las leyes físicas, reproduciendo las leyes físicas en el ámbito mental. El uso de tu poder creativo es tan natural como el uso de la electricidad, pero no se sabe mucho acerca de él. Muchos piensan que es algo que se da sólo a unos cuantos por edicto especial. Afortunadamente, éste no es el caso.

Cuando el Espíritu piensa, sabe o desea, se pone en marcha una ley que protege y gobierna lo que piensa, sabe y desea. Ya que Dios está siempre en armonía consigo mismo y conoce sólo el bien, Dios piensa sólo el bien. Y como el pensamiento de Dios lo crea todo, debe haber un molde perfecto en el centro de todo.

Tu mundo individual es una representación única e individualizada de todo el universo, siguiendo las mismas leyes, gobernado por el mismo principio, y estimulado por la misma mente. Di:

> *La Mente de Dios se está manifestando en mi vida.*
> *El Espíritu dentro de mí se protege a Sí Mismo en mi experiencia.*
> *La Inteligencia Divina actúa en mis asuntos.*
> *Todo lo que hago, digo o pienso está gobernado por esta Inteligencia.*
> *El Poder que todo lo crea y lo sostiene está creando todo lo necesario para mi felicidad.*

Debido a que la Ley de la Vida está en el centro de tu ser, tu pensamiento es creativo. La Ley de Dios, actuando a través de ti hace tu pensamiento creativo. Toma la forma de tu pensamiento y reacciona a tu palabra exactamente como lo piensas. Tu uso individual de esta Ley se convierte en la ley de tu ser individual. Mientras éste es uno de los conceptos más profundos en que se ha creído, es también uno de los más simples. En lugar de tener una mente creativa individual, realmente tienes un uso personal o individual de una Ley que es infinita. Por medio de esta Ley puedes traer cosas hacia ti desde los rincones más remotos de la tierra.

El Principio de la Mente que existe a tu alrededor reacciona a tu pensamiento. Su característica principal es Su susceptibilidad a la impresión. Recibe la más ligera vibración del pensamiento, y actúa de acuerdo con ella.

Ya que esta Ley actúa como espejo, cuando extraes imágenes de pensamientos viejas y colocas unas nuevas frente a este espejo de la Mente, las reflexiones o condiciones viejas cesan de existir y las nuevas toman su lugar. Pero si sólo extraes la mitad de las imágenes viejas y creas sólo la mitad de las nuevas, tu experiencia reproducirá ambas clases de pensamiento. Di:

No estoy interesado acerca de lo que pasó ayer. Sé que hoy todo es nuevo.
Libero todo sentido de limitación.
Divorcio mi pensamiento de toda creencia en la carencia.
Repudio la idea de que soy pobre, débil, enfermo o infeliz.
Nuevas condiciones están siendo creadas para mí, condiciones de armonía, felicidad, paz y gozo.
Todas las circunstancias y situaciones se están armonizando.
Dondequiera que vaya encontraré paz, gozo y felicidad.
Todo lo que haga será hecho con razón e inteligencia. Me rodeo de amistad, belleza y acción correcta.
Todo mi ser responde a esta convicción.
Simplemente, con total convicción, acepto mi libertad.

CAPÍTULO 8

Todo lo que hayas pensado, dicho, hecho, visto, aprendido o experimentado, ha dejado una huella en tu mente subconsciente. Este subconsciente también contiene la memoria de imágenes de la vida de tu familia, de tus antepasados y de la suma total de lo que el mundo entero ha pensado o creído.

Estos recuerdos no son cosas muertas. Todo lo contrario, siempre están activas. Pero aun hay algo más. Tal como tus propios recuerdos, la mente de la historia y tu ambiente actúan a través de ti, también la Mente de Dios que está dentro y alrededor tuyo, está actuando por medio de ti. Entre esta Presencia Divina, esta parte superior de tu ser, y tu experiencia externa, hay un campo de reacciones subconscientes que se han acumulado a través del tiempo.

Pero tú eres un creador y no una criatura. Puedes estar sufriendo ahora por los efectos de la consciencia humana y tus propias creencias, pero hoy puedes empezar a cambiarlas. Di:

Sé que soy uno con Dios.

Sé que Dios en mí es perfecto.
Sé que mi naturaleza real es espiritual.
Sé que existo en un bien ilimitado, en un estado celestial, y en un ser perfecto.
Sé que en mi mente está actuando el Espíritu puro. La Inteligencia Divina me guía a la paz, la felicidad y el éxito, al gozo, al amor, y a la vida perfecta.

El deseo que tienes de ser algo, de hacer algo, es un eco mental en tu mente del Espíritu que ya existe dentro de ti. Es un impacto de tu propio yo, divino y espiritual, sobre tu propio yo mental o psicológico. Es el Espíritu en ti que busca una avenida de expresion a través de ti. Es el Yo real que te gustaría ser; el Yo espiritual profundo que tiene todo el conocimiento, que tiene acceso a todo el poder, y que es uno con la Vida. Éste es el Yo que puede sanar enfermos y resucitar a los muertos. Es autotranscendente, autotriunfante.

Mientras que es verdad que hay sufrimiento en el mundo, que la pobreza y la infelicidad han sido la experiencia común de la humanidad, sería una persona imprudente quien atribuyera esta negatividad a la Voluntad Divina. Aquellos que te negarían el privilegio de tener las cosas que tan ardientemente deseas en este mundo, esperan recibirlo para sí mismos en la próxima vida.

Supongamos que eres un ser inmortal ahora. Supongamos que el bien que existe en el futuro ya existe en el presente. Por lo tanto poner el bien que deseas en el futuro, es meramente demorar tu entrada al reino de los cielos ahora. Serías egoísta si sólo afirmaras para ti un bien que negaras a los demás.

Esto se reduce a la palabra "bondad", al concepto de "benevolencia", a la Presencia única que es Amor, al Principio único que es Ley; a la Persona única que es Dios, y a ti mismo como manifestación de esta Presencia Divina. Di:

Hoy entro al reino del gozo, a mi herencia de felicidad.
Sé que todo buen propósito que contemplo ya está completo.
Sé que toda demanda o petición constructiva que hago al

universo ya está concedida.
Sé que estoy gobernado por la Ley Divina.
Sé que estoy inspirado por la Inteligencia Divina y guiado por la Razón Divina.

Si deseas tener éxito debes identificarte con el éxito. La ley de la identidad es una cosa definida. Aquello con lo que mentalmente te identifiques forja una imagen en tu consciencia que tiende a atraer las situaciones con las que mentalmente te identificas. El estado subjetivo de tu consciencia, el cual significa la suma total de tus procesos inconscientes de pensar, continuamente está atrayendo o rechazando. Este proceso va más allá del umbral de la mente consciente.

Con frecuencia la gente atrae hacia sí cosas que no desea conscientemente, pero con las que inconscientemente se ha identificado. Di:

Declaro con certidumbre que todo lo que hago prospera.
Entusiastamente espero con certidumbre el éxito. Dejo que el bien corra por mi experiencia.
Descubro el bien en toda dirección hacia donde veo.
Espero con gusto más de este bien.
Estoy adquiriendo ahora un entendimiento más profundo de la vida.
Reconozco mi unión con toda la gente y con todos los acontecimientos.

El estado subjetivo de tu pensamiento es una acumulación. Ya que estas imágenes subjetivas del pensamiento actúan como causa mientras se les permita continuar, éstas pueden ser arrancadas y substituidas por otras. Hacer esto puede tomar tiempo, pero el premio vale la pena el esfuerzo. Todo tu objetivo es colocar tu mente en un lugar donde inconscientemente acepte el bien que desea. Di:

Con todo cuidado vigilo mi pensamiento.
Me niego a permitir en mi consciencia todo lo que sea

antagónico o desagradable.
Estoy aprendiendo a vivir con gozo, en paz y con serena confianza.
Pongo toda mi expectación, mi confianza y mi fe en el bien.
Pienso con claridad, actúo con facilidad, y triunfo sin ansiedad.

La Guía Divina es tuya con sólo pedirla. La respuesta a todo problema que se te pueda presentar ya existe en el centro de tu ser. No basta solamente con saber que la Guía Divina existe – tienes que usarla. La puedes usar por medio del reconocimiento consciente de que su origen está dentro de ti, y llamándola deliberadamente, convencido de que responde.

A fin de no recibir impresiones falsas, examina los pensamientos que tengas. Por ejemplo, si recibes impresiones subconscientes que tengan el más ligero elemento destructivo, date cuenta que no procede de la fuente Divina. La Vida no es un autor de confusión sino de paz.

Si deseas asegurarte de que las impresiones que surgen son del Espíritu, analízalas y ve si tienen la misma naturaleza de bondad y paz que el Espíritu debe tener. Dios nunca pone la opinión de un hombre contra la de otro. Dios, siendo amor, nunca desea el odio o la destrucción. Dios, el ser de la paz, nunca ordena la confusión.

Cuando tienes un problema, llévalo al silencio de tu consciencia. En lugar de pensar en el problema, piensa en la respuesta. Dios no tiene problemas, por lo tanto, la Mente Divina es la respuesta a todo problema humano. Los Principios nunca tienen problemas. Los problemas se resuelven sometiéndolos al control de los Principios. El problema se disuelve al correr a través de él la respuesta correcta del Principio.

Mentalmente actúa y piensa como si el problema fuera sólo un argumento que trata de convencerte de que no conoces la respuesta. Tu responsabilidad es neutralizar este argumento, desmenuzarlo, pensamiento por pensamiento, hasta que no quede nada de él, hasta que llegues al reconocimiento que lo disipe.

La Presencia Divina te guiará, te defenderá y te protegerá. Te aconsejará sabiamente. Su poder y majestad entrarán en tu ser. Te sostendrá y te apoyará en todo lo que haces. Aprenderás a hablar con Ella y recibirás respuestas intuitivas directas. La fe es la esencia de esta comunión.

Habiendo reconocido la Presencia Divina como la estrella de la esperanza, seguridad y certeza que te guía, asegúrate de reconocer igualmente que la Ley Universal de la Mente es tu sirviente. Esta Ley es el Principio que vas a usar. Tu fe en esta Ley hace que Ésta actúe sobre tu fe para brindarte aquello que aceptes. Todo lo que necesitas hacer es asegurarte de que nunca uses esta Ley con propósitos destructivos. Una vez que has cumplido con esta Ley con Amor la puedes usar sin ningún sentido de limitación o temor. Di:

Renunciando a todo error pasado, sé que hoy estoy libre y sin obstáculos.

Percibo la acción del Amor Divino y de la Ley Universal en mis asuntos.

Sé que todo lo que hago está gobernado por el Amor y controlado por la Ley.

Estoy consciente de que soy uno en esencia, amor y gozo con toda la gente.

Es cierto que no puedes creer en la abundancia mientras te identifiques con la carencia. Olvida la carencia y piensa sólo en la abundancia. Controla tus reacciones mentales a fin de que ellas automáticamente se vuelvan afirmativas. Ésta será una experiencia interesante y feliz pues estarás trabajando en el laboratorio de la mente con la gran Ley de ser. La abundancia te pertenece. El bien llega a ti si afirmas su presencia.

Aprende a pensar abundantemente. Piensa en la inmensidad de todo, en lo ilimitado del espacio, en el sinnúmero de granos de arena en la playa –¡qué abundante y pródiga es la naturaleza! Aprende a ver la abundancia en todo, a multiplicar el bien que ya tienes. Únete a la ley de la abundancia. La expectación acelerará tu progreso. Di:

Creo en que la Ley del Bien me producirá todo bien y toda perfección, y que bendecirá a todo aquel con quien trato.

Ahora declara tu deseo y di:

Sé que la Ley del Bien está actuando sobre esta idea. Pronuncio esta palabra con implícita confianza, fe y aceptación. Sé que mi palabra no volverá a mí vacía. Sé que experimentaré el bien que afirmo ahora.

Tu mente subconsciente es el medio entre el bien incondicionado y el grado del bien que experimentarás. La operación de tu mente subconsciente consiste en una fuerza silenciosa dentro de ti que mantiene sus imágenes de pensamientos frente a la Ley Universal de la Mente que, a su vez, refleja en tu experiencia las cosas en las que crees íntimamente.

Tu problema es cambiar estas imágenes subjetivas del pensamiento a fin de que automáticamente atraigan el bien. No hay fórmulas exactas para hacer esto. Sería conveniente que formularas tu propio método, recordando siempre que las declaraciones definitivas producen resultados definitivos cuando se cree sinceramente en estas declaraciones. Por ejemplo, podrías usar los siguientes pensamientos. Di:

Sé que estoy atrayendo mi bien hacia mí.
Hay un poder silencioso de atracción dentro de mí que
  es irresistible.

Ahora menciona tu deseo. Piensa en él por un momento a fin de tener una idea clara de él, y di:

Sé que todo en mi experiencia está trabajando conjuntamente
  para producirlo.
Estoy lleno de confianza serena, de la expectación del bien.
Sé que este deseo en lo particular está transpirando en lo
  invisible en este mismo momento, y que se volverá parte
  de mi experiencia visible.
Todo en mí lo acepta.

La expectación acelera el progreso. Por lo tanto, vive en un estado continuo de expectación. No importa cuánto bien estás experimentado hoy, espera un bien mayor mañana. Espera conocer nuevos amigos. Espera tener experiencias nuevas y maravillosas. Prueba esta magia de la expectación y pronto descubrirás el lado dramático de tu trabajo que presta salida al sentimiento constructivo; que hace de la vida un juego que da gusto jugar. Te hace entrar en el espíritu de las cosas y de la gente. Di:

Hoy y todos los días, espero el bien con seguridad. Espero con certeza y entusiasmo conocer nuevos amigos.

Anticipo con gozo encontrar nuevas situaciones que enriquecerán mi vivir.

Mi vida es una aventura.

Sé que me van a suceder cosas maravillosas.

Sé que todo lo que hago será bueno para mí y para los demás.

Tú tienes derecho a saber que cuando vives en armonía con la Presencia Divina que existe a tu alrededor, estás protegido por Su omnipotencia. Nada te puede dañar cuando sabes que Dios está en el centro de todo. Este conocimiento te protegerá de todo mal. El mal es como la noche antes de la llegada de la luz de tu consciencia. Es una obscuridad que se disipa con el sol de tu fe. Es como un fuego que se extingue con las aguas de tu espíritu.

Tu expectación entusiasta y tu conformidad feliz riegan la semilla de la fe que has plantado en el suelo de la Substancia Divina. Creyendo esto, no demores hasta mañana el gozo de la posesión. Los mañanas no existen en la Mente Divina. Tu mañana es simplemente más de Dios hoy.

Detrás de cada evento, del más ligero esfuerzo que haces, del más pequeño concepto que entretienes, hay un depósito inagotable de Vida, de imaginación, de energía y voluntad, fluyendo en acción a través de ti. Así de sencillo, y piensa en esto hasta que se te convierta en algo tan natural como caminar y como conversar.

El Poder Divino existe en todo lugar y toma para ti la forma de tus ideas, de tu fe. Tú ni creas ni sostienes en su lugar esta energía. Todo lo que hace tu fe es formar un molde en el que pueda tomar una forma temporal.

Coloca un espejo frente a ti, ponle enfrente un objeto pequeño, tal como un lápiz, y verás que la reflexión no es ni más grande ni más chica que su imagen. Ahora quita el lápiz y pon un libro frente al espejo. Instantáneamente el espejo refleja el objeto más grande. Supongamos ahora que tuvieras un espejo suficientemente grande para que le pusieras enfrente una montaña. ¿No iría el espejo a reflejar la imagen de la montaña con igual facilidad? No le sería difícil. No le sería fácil. No sería grande. No sería pequeña. Sería simplemente una reflexión.

La Vida es un espejo que refleja las imágenes de tu pensamiento. Si ves confusión en este espejo, no culpes a la ley de la reflexión, ni siquiera te molestes en culparte a ti mismo, sino que acepta que esta confusión debe ser una reflexión de tu propia consciencia.

"Pero", puedes decir, "en realidad es una reflexión de la confusión que me rodea". Puede ser que sí, pero a menos que esta confusión que te rodea no hubiera tenido entrada en tu consciencia no podría ser reflejada en tu espejo. Sin duda muchas de las reflexiones son causadas por las imágenes del pensamiento albergado a través de años previos de desilusión, incertidumbre y duda. Pero esto no debe desanimarte.

Aprende a sentirte en confianza con la Causa, a reafirmar tu posición en la vida, a cambiar el molde de tu consciencia, y verás que las reflexiones cambiarán. Al igual que un jardinero arranca las plantas que ya no desea, tú también arrancarás las imágenes de tus pensamientos que ya no deseas experimentar. Plantarás nuevos pensamientos en el jardín de tu mente, y obtendrás una nueva cosecha. Di:

Sé que puedo usar conscientemente la Ley Divina de mi ser.
Sé que esta Ley reacciona a mi fe inmediata y creativamente.

Sé que cuando pronuncio esta palabra por mí mismo, hay una reacción directa hacia mí.

Sé que cuando la pronuncio por otros, hay una reacción directa hacia ellos.

No hay duda o incertidumbre en mi consciencia. Me identifico con el bien que deseo.

Tengo confianza total en que la Ley del Bien me responde creando el objeto de este deseo.

Experimento una conformidad serena y una paz interna.

Tengo una sensación entusiasta de bienestar.

Sé que todo el poder que hay es para mí; por lo tanto, me pongo la armadura completa de la fe.

Soy Espíritu libre, soy Vida perfecta.

Estoy en unión consciente con el Dios que está aquí donde yo estoy.

CAPÍTULO 9

Si deseas saber la verdad acerca de tu negocio o de tu profesión, sabe que ésta es una actividad para el bien. Es una actividad proveniente de tu sociedad con el Infinito. El propósito de la vida es que seas feliz, activo e íntegro; que expreses la Vida Divina con gozo y realización.

Levanta el peso de la responsabilidad personal y transfiérelo a la Ley de acción perfecta. No importa a qué te estés enfrentando, qué obstáculos aparezcan o qué situaciones indeseables existan en tu experiencia, esta Ley los puede disolver.

Esta Ley no sabe ni de grande ni de pequeño. Es como la ley de la gravedad de la naturaleza que mantiene una pluma sobre la superficie de la tierra al igual que mantiene firme una montaña. Ésta no dice, "Mirad, soy fuerte en un lugar y débil en otro". Tampoco le pide a uno que pese la montaña o la pluma. Tira una pequeña piedra al precipicio y al mismo tiempo empuja una gigantesca roca al espacio – ambas llegarán a la tierra. La ley de la gravedad funciona automáticamente en lo grande y en lo pequeño.

Lo mismo sucede con tus problemas. No pienses que unos son difíciles y otros fáciles. Coloca la carga de aquellos que parecen pesados, así como de aquellos que parecen ligeros, en la Ley de la acción. Grande y pequeño, todo es absorbido en un todo absoluto. ¿Quién puede decir que el florecer de una rosa en el desierto es de menos importancia para la Imaginación Divina que la construcción de un imperio?

Tú existes para que el sentimiento, el fuego, la imaginación y creatividad divinos puedan ser expresados por medio de ti. El Espíritu llega a ti con creatividad nueva y fresca. Tú no necesitas preguntar qué han hecho otros, o cómo lo han hecho. Sé tú mismo y expresa la vida libremente. Nunca imites. Confía en ti mismo. Encuéntrate en Dios, y a Dios en ti mismo.

El pensamiento tiene un poder acumulativo. Si declaras diariamente que tu palabra arranca y elimina cada pensamiento de temor o incertidumbre, con toda seguridad así lo hará. Cuando pensamientos de miedo o desaliento te asalten, diles quietamente:

Ustedes no tienen cabida en mí.
No hay nada en mí que pueda mantener pensamientos
de negación o duda.
Me niego a admitirlos.
Sé que mi palabra destruye el temor y la duda. Y convierte el
miedo en fe.
Sé que no hay nada en el universo que me desee el mal.
No hay fuerzas negativas que operen en mí, a mi alrededor
o a través de mí.
Sólo una Mente existe y Ésta es mi propia mente.
Esta Mente verdadera dentro de mí nunca ha recibido una
imagen de duda.
El Dios-Mente dentro de mí sólo mantiene lo que es perfecto.

Hay un molde de perfección en el centro de tu ser que nunca ha sido tocado por la enfermedad o el sufrimiento. Tu intelecto percibe esto a través de la intuición, tu imaginación lo siente por derecho divino, tu consciencia íntima lo sabe a través de la fe. De lo que se trata es que despiertes todo tu ser al conocimiento de lo espiritual. Lo que se necesita renovar es el intelecto y el propio subconsciente. El Espíritu ni duerme ni descansa. El Espíritu es Dios. Todo desajuste en tu vida sanará cuando reconozcas este centro de perfección dentro de tu propio ser. La visión que debes captar y retener es la consciencia de una unión tan completa y perfecta que no encuentre diferencia entre tu propio ser y Dios. Los dos son uno.

Lo que el pensamiento ha plantado, el pensamiento lo puede arrancar. Las condiciones que presentan las actitudes mentales, tengas o no consciencia de ellas, pueden ser cambiadas. Si estás experimentando alguna condición de infelicidad, debes saber que no hay nada en ti que atraiga esta condición, nada que la mantenga, nada que crea que tiene razón de existir. Aparta tu mente totalmente de tal condición y piensa exactamente lo contrario. Di:

No hay nada en mí que mantenga la duda, el miedo, el desaliento o la incertidumbre.

Estoy lleno de confianza, con la certeza del bien, con el conocimiento de que el espíritu siempre triunfa.

Sé que mi palabra invierte toda situación negativa definitivamente.

En la práctica inviertes las formas viejas de pensar al saber que ya no pueden definitivamente funcionar en ti. Esto es más que una teoría. Los pensamientos de paz transformarán pensamientos de confusión. Una consciencia de fe invertirá el miedo. Ahora se sabe que el miedo y el desaliento, el sentimiento de inutilidad, de inferioridad, al igual que el sentimiento de incertidumbre acerca de la relación entre Dios y uno, probablemente empiezan con un sentimiento inconsciente de rechazo. De ahí viene un sentimiento de incertidumbre, de miedo al futuro, un complejo de ansiedad, la actitud de inseguridad, el sentimiento de no ser querido, el sentimiento de culpa.

Estas formas de pensar están más o menos establecidas en la vida de toda persona. Su responsabilidad no es molestarse acerca de dónde vinieron, sino de aprender a librarse de ellas. Si tienes algún sentimiento de incertidumbre, de inferioridad, o rechazo, Di:

El Espíritu jamás me rechaza. Yo me acepto a mí mismo.
Reconozco que mi centro es la Mente Divina. Sé que soy uno con todo el bien que existe.
Soy uno con todo el poder que existe. Soy uno con toda la paz que existe.
Sé que no hay nada en mí que pueda condenar o ser condenado.
Nada hay en mí que pueda juzgar o ser juzgado.
Sé que mi palabra desarraiga de mi consciencia todo sentido de rechazo.

El Espíritu no está triste ni deprimido. Si captaras la visión del júbilo que debería ser tuyo, tendrías que secar tus lágrimas, abandonar tus temores, pensar desde tu centro de inspiración que es nada menos que la Divinidad en ti cantando Su canción de vida.

La mecha de tu vida individual llega a la profundidad del aceite del Ser puro. Sólo hay una Vida y esa Vida es tuya ahora. No importa qué confusión aparezca en la superficie de tu vida, hay siempre un lugar de quietud en el centro de tu ser. No importa qué turbulentas puedan ser las olas del océano de tu experiencia, debajo hay una paz inalterable. Tu ser está sumergido, pero no perdido, en el Infinito.

Cuando te sientas confundido, detente y escucha tu quietud interna. De la confusión, vuélvete hacia ese algo más profundo dentro de ti. Di:

Estoy sumergido en la paz. Estoy rodeado de paz.
Estoy hundido en la paz.
No existe nada más que la paz.
Paz profunda, serena, imperturbable.

Encontrarás que la confusión desaparece. La luz que parecía haber sido extinguida por la tormenta vuelve a ser firme. La paz viene del sentimiento de unión con el Todo. La confusión se produce del sentido de separación. La confusión se presenta cuando se mira sólo la superficie. Si metes un palo derecho en un estanque con agua y agitas la superficie, el palo parece doblarse. Sin embargo, no está doblado; se trata solamente de un disturbio en la superficie del agua lo que causa que parezca doblado. Si nadas bajo el agua por debajo de la superficie perturbada y abres los ojos, verás que el palo está derecho. El palo doblado realmente era una ilusión.

Lo mismo pasa con la confusión. Existe como una condición pero no como una realidad. El espejismo está en tu consciencia. Si la confusión se presenta, toma tu intelecto y nada hasta lo profundo de tu estanque de paz. En un acto de fe abre los ojos y verás que no hay confusión.

Al elevarte sobre la confusión, afirmas la Presencia en toda su belleza, poder y paz. De esta afirmación fundamental tu consciencia se llena de un sentimiento de poder así como de paz. Ahora ya estás en posición de volver a cualquier condición específica de discordia y, hablando con completa autoridad, sabe que tu palabra la invertirá. Di:

El Espíritu dentro de mí lo renueva todo.
Todo pensamiento o condición negativa desaparece
de mi experiencia.
Estoy consciente de mi unidad con Dios. Estoy consciente de mi
unidad con la vida.
Acepto con certeza más prosperidad, más felicidad, más armonía
que nunca.
Camino en el gozo del bien creciente eternamente.

El genio espiritual de Jesús radicaba en su conocimiento de las leyes espirituales. Él se atrevió a creer en la Fuente invencible de su ser, y a confiar en Ella. No le asustaban ni la tormenta ni los temores de los demás. El podía decir "Paz" a ambos. El podía traer la calma de otros a la superficie. Esto es "lo profundo invocando a lo profundo". Es Dios invocando a Dios. Es Dios contestando a Dios.

Graba profundamente en tu consciencia que así como hay leyes físicas, hay leyes espirituales y mentales que actúan de forma idéntica. Ten confianza en las leyes de la Mente y el Espíritu, y en tu habilidad de usarlas. Piensa en ellas tan naturalmente como en las otras leyes de la naturaleza. Di:

> *Sé que estoy viviendo en un universo de ley y orden, en un universo de Espíritu puro, de Inteligencia Divina.*
> *Sé que estoy rodeado y sumergido en la Mente de Dios.*
> *La mente de Dios fluye a través de mí.*
> *Yo vivo, me muevo y existo en el Espíritu puro.*
> *La mente de Dios está aquí donde estoy yo.*
> *Está disponible siempre y funcionando siempre.*

Tu meditación hecha conscientemente con propósitos definisdos es un Tratamiento Mental Espiritual. Tu realización espiritual automáticamente actúa sobre la Ley de la Mente que está dentro y alrededor de ti. Reconocerás éste como el secreto de la oración de fe a través de todos los tiempos. Es el secreto de la efectividad de todos los movimientos metafísicos modernos, no importa cómo se llamen. No hay sólo una forma de comprender o usar la Ley de la Mente.

Reconoce que la Presencia Divina siempre está contigo, que no hay lugar donde tú termines y Dios empiece. Aquí, en confianza serena y paz, expresa tus deseos. No son oraciones en el sentido de petición. Son más bien lo que Emerson llamó los pensamientos de "un alma jubilosa y expectante".

Cuando trabajes para ti mismo, di, "Soy". Cuando trabajes para alguien más, di, "Él es", o "Ella es". Cuando dices "Yo soy", tu Tratamiento se dirige hacia ti mismo. Cuando dices, "Él es", o "Ella es,", lo diriges hacia alguien más.

Tu afirmación (Oración de fe o Tratamiento) alcanzará un nivel en tu experiencia, o en la experiencia de aquellos a quienes deseas ayudar, equivalente al nivel de reconocimiento en tu propia consciencia cuando haces tu afirmación. Es como el agua que alcanza su propio nivel por medio de su propio peso. Di:

Sé que vivo bajo el gobierno de la Ley Divina. Sé que vivo en la presencia del Amor Divino.
Rindo todo lo que me parece imperfecto ante aquello que es completo y total.
No hay ansiedad, ni tensión, ni esfuerzo. No hay duda ni incertidumbre.
Sé que me es imposible estar separado del Reino de Dios que está dentro de mí y a mi alrededor.
Vivo en este Reino aquí y ahora.
En este Reino hay paz, poder y abundancia.

Cree siempre que tu Tratamiento (declaración de la verdad) resolverá cualquier condición instantáneamente, mientras que al mismo tiempo te mantienes dispuesto a trabajar pacientemente hasta que la condición quede solucionada. En cada Tratamiento (o declaración de la verdad) por separado, cree que el trabajo está ya completo. Tu Tratamiento realmente se completa cuando tu total reacción subjetiva concuerda, o responde, o se incorpora al espíritu y significado de las palabras que uses. Persistencia, flexibilidad y paciencia son necesarias para obtener los mejores resultados.

Con una suave flexibilidad para contigo mismo, aprende a elevarte de la confusión a la paz, de la tristeza al gozo. Para ti no hay otra ley que la que establezca tu propia alma, bajo la gran Ley de toda la Vida. Mira hacia la Luz interna. Cree en ti. Ten confianza en los altos impulsos que brotan de ti. Escucha profundamente a la Naturaleza Divina que por siempre está derramándose sobre ti. El Espíritu es absoluto, ilimitado, y siempre está disponible. El Espíritu está aquí donde tú estás. El Espíritu llena todo espacio, fluye a través de toda forma, lo crea todo, todo lo gobierna con amor, todo lo controla con ley, y expresa vida y belleza en todo. Di:

*Hay un Poder, una Presencia y una Vida.
El Espíritu viviente está exactamente donde estoy yo, dentro y alrededor de mí.
El Espíritu está en mí.
El Espíritu me conoce.
El Espíritu ve por medio de mí, piensa por mi mente, actúa por mi acción.
Este pozo y manantial de Vida, fluye a través de mí, sin saber de obstrucción, congestión o imperfección.
Hay un molde de perfección en el centro de mi ser, un molde divino y celestial de integridad.
Cada órgano, acción y función de mi ser es espiritual. El Espíritu es perfecto en cada parte de mi ser.
Vivo en la paz, en el gozo, en la vida perfecta.*

CAPÍTULO 10

El que pierde su vida, la encontrará". Puesto que toda la enseñanza de Jesús era que Dios es Vida, no podría haber querido decir que uno en realidad perdería la vida, sino que debe uno renunciar a lo insignificante para experimentar lo grande. No es un mal negocio. Si pierdes la sensación de infelicidad, serás feliz. Si pierdes la sensación de confusión, tendrás paz. Si pudieras reconocer deliberada y subjetivamente tu verdadera perfección espiritual, aunque fuera por un momento, habría una conversión tal en tu mente que instantáneamente sanarías tu cuerpo físico.

Esto no es fácil de hacer. Cuando sufres es difícil afirmar la paz. Cuando necesitas algo es duro afirmar la abundancia. Pero éste es el verdadero significado de perder tu vida. Lo que pierdes es el falso sentido de ser. Cambias lo irreal por lo real, lo falso por lo verdadero. Si deseas ser feliz, saca toda la infelicidad de tu mente y entiérrala. Si quieres a Dios, deja de pensar en el mal. Si deseas vivir en el reino de los cielos, olvida el infierno.

Donde encuentras las raíces de tu vida es en el Espíritu puro, para ver la unidad básica de todo, la necesidad fundamental, matemática y lógica de tal unidad. Pierde tu sensación de estar separado de tu bien, y encontrarás que estás unido a él. Éste es el secreto que tienes con el Dios que siempre está contigo. Dios ya sabe lo que estás tratando de encontrar. La próxima vez que aparezca un obstáculo en tu camino, trata de darte cuenta que no es una entidad, persona ni condición creada por sí misma. No es verdad para la valiosa vida que está dentro de ti. Llena tu mente de que esto no es una cosa por sí misma. Deja de luchar contra ello y reconoce lo opuesto. Debes saber que no hay obstrucciones en el Espíritu y que tú ya estás en el Espíritu. Empieza a identificarte con la Verdad que no sabe de obstrucción. Empieza a reclamar tu herencia divina. Di:

> Sé que no hay negación en Dios.
> Sé que Dios está siempre aquí donde estoy yo. Sé que en el centro de mi ser hay una afirmación positiva de vida.
> Mi palabra borra todo lo que en mí niegue la presencia de esta Vida.
> Hay Una Vida, esa Vida es Dios, esa Vida es mi vida ahora.
> No hay nada en mí que pueda negar la presencia de esta Vida.
> Todo dentro de mí afirma Su presencia.
> Tengo la sensación y la percepción de esta Presencia Divina en todo momento.

Cuando el mundo entero creía que el mundo era plano, eso no lo aplanó. Cuando un hombre se convenció que el mundo era realmente redondo, no resistió la idea de un mundo plano porque sabía que no había tal mundo. Se preparó a navegar alrededor de él porque sabía que era redondo. Por medio de su acto de fe descubrió la verdad acerca del mundo redondo. El miedo y la superstición de los otros no lo detuvieron. El cúmulo de experiencia humana no lo cegó. La creencia de que los océanos desconocidos estaban llenos de monstruos no le espantó. El sabía que el mundo era redondo y que navegaría a su alrededor.

Tú has descubierto el universo espiritual. Muchos otros han descubierto este mismo mundo, pero cada uno debe hacer su propio descubrimiento. Vas a disfrutar mucho de navegar alrededor de este mundo tuyo. No te opongas a las opiniones de los otros, ni pierdas tu tiempo alegando estas cosas. Sigue el brillo interno de tu consciencia y llegarás.

Te convertirás en cualquier cosa con la que te identifiques. Serás también como todo lo que resistas hasta que lo hagas realidad. Por lo tanto, "...no resistas el mal y éste huirá de ti". No batalles con tus temores, mira a través de ellos. No hay nada por qué asustarse en el Mundo de Dios. Di:

Sé que hay un centro espiritual dentro de mí que es perfecto.

Ahora ordeno a mi propia consciencia rechazar automáticamente cualquier pensamiento de duda o incertidumbre.

Siento cómo cada duda, cada negación se aleja de mí. Toda duda se convierte en certeza.

El miedo se convierte en fe.

Tengo una sensación persistente de felicidad y de paz. Yo soy la esencia misma de la paz.

Tengo íntima confianza en mi unidad con el Bien. Reposo en una confianza sublime.

Jesús empleó muy poco tiempo en pensamientos negativos, sólo lo suficiente para ver a través de ellos, para invertir la percepción falsa de la vida al reconocimiento verdadero de la unión del hombre con Dios. Esta figura gloriosa, como un rayo de luz, iluminó la consciencia perpleja del hombre, comprobando cada declaración que hizo, dejando tras de sí un aliento celestial, fragante de amor. Así como Él se identificó con el Origen de su ser, igualmente tú debes identificarte con ese Espíritu que está siempre contigo.

Recuerda al niño pequeño que trajo unos panes y peces, era toda la comida que había para esa gran multitud pidiendo alimento. Los discípulos de Jesús identificaron la posibilidad de ser alimentados sólo con la escasa cantidad que había en la bolsa del niño. Jesús identificó los panes y los pescados con la Substancia Eterna, siempre fluyendo, el maná del cielo. ¿No simboliza el pequeño una fe y expectación infantil, la visión tan recién nacida del Reino de Dios? ¿No puedes imaginarte su semblante radiante de gozo, sus ojos brillando con una visión interna? ¿No puedes imaginar su entusiasmo al pasar su pequeña ofrenda a las manos del amor, que multiplicó su idea a través de la ley de la abundancia de Dios?

Jesús y el niño tenían fe –la consciencia infantil que no había sido capturada en las paredes de la prisión de la experiencia, y el hombre que había alcanzado el desarrollo espiritual en su totalidad. Dando las gracias, partió el pan y éste se multiplicó, se distribuyeron los peces y la multitud quedó alimentada.

A la Realidad, desde que ese pequeño le trajo a Jesús los panes y los peces, no le ha pasado nada. Dios no ha cambiado, la naturaleza no ha cambiado, la ley no ha cambiado, la verdad no ha cambiado. ¿A donde vas a buscar a este hombre y a este niño, a los panes y peces? Jesús llevó a la multitud al desierto. Ahí no había alimentos, no había panaderías. Estaban lejos de las playas donde podrían haber ido a pescar. No vas a buscar en el lugar desierto de tu propio pensamiento donde parece improbable que encuentres substancia.

Quizás el niño aun está allí parado con las manos extendidas y los ojos brillantes. Quizá tú eres ese niño. El hombre también está allí, el hombre de la Sabiduría Divina, el hombre que Dios pretende que seas. Deja que el niño le de los pocos panes y peces a este Hombre Divino dentro de ti, mientras que el intelecto da gracias, y el Espíritu hace su milagro de amor.

Tu búsqueda está detrás de algo lo suficientemente grande para perder tu pequeñez, algo dentro de ti es merecedor de la inmortalidad y la eterna expansión. El mundo no ha buscado a Dios donde se le puede encontrar. Aquí está el gran secreto. Sólo hay un Dios, una Mente Divina. Este Uno es indivisible, por lo tanto está presente en todas partes.

Dios no sólo está donde tú estás, Dios es lo que tú eres. Desde un punto de vista, podrías decir: "Puesto que Dios es todo lo que existe, la única Presencia que hay, y puesto que el Espíritu se manifiesta a través de todo, todo lo que veo es una manifestación de Dios. Eso que existe dentro de mí que me hace ver, saber y entender esto, también es Dios. Y ya que Dios no va a buscarse a Sí Mismo, yo ya no necesito ir a buscarlo. Más bien, ahora viviré y pensaré desde la unión que ya tengo." Di:

> Hay Eso dentro de mí que sabe.
> Yo no sólo soy uno con este Poder, este Poder realmente fluye en mí ahora. No sólo estoy unido con la Presencia Divina que me rodea, sino que esta Presencia es mi presencia. Es la presencia de mi yo real y verdadero. Eternamente soy uno con la Vida.

Tu objetivo no es localizar la Presencia Divina o despertar la actividad de la Ley. Es más bien, enterarte de esta Presencia y de Su actividad circulando a través de ti. Estaría bien considerar la diferencia entre delinear y escoger. Como persona, tienes el derecho de elegir. Siendo individual, no puedes escapar a la necesidad de escoger. No eres un autómata. No eres un mecanismo mental. No eres sólo un conjunto de reacciones mentales. Eres una persona, un ser divino por derecho. El Espíritu ha puesto la estampa de la individualidad en Sí Mismo y la ha llamado tú. Lo que Dios ha hecho no lo puedes deshacer. Cuando piensas, es la Mente Divina en ti que desea ser acción, que piensa en verse manifestado, realizándose como el objeto de Su propio pensamiento.

Tú haces la elección, la Ley le da forma. Ésta es la distinción entre elección y forma. Si has elegido plantar una semilla de tomate, has elegido una planta de tomate, pero tú no determinas cuántas hojas tendrá la planta, cuántos tallos tendrá. Eso pertenece a la Ley de causa y efecto.

Cuando dices, "Sé que la Inteligencia Divina está atrayendo ciertas condiciones hacia mí", y cuando has afirmado tu unión con el bien, puedes continuar con tus asuntos cotidianos sin ansiedad sabiendo que la Ley está trabajando para ti. La Ley sólo puede operar sobre las imágenes de tu pensamiento ya que la Ley es el hacedor y no el conocedor. Por lo tanto, a ti te corresponde conservar estas imágenes claras a fin de que puedan reflejarse en la Ley que es un espejo. Di:

> *El Reino de Dios, la Gloria de Dios, está aquí ahora. Yo soy eternamente parte de Su ser.*
>
> *La Ley de Dios que es perfecta está operando ahora en mis asuntos.*
>
> *No hay ansiedad, tensión, ni miedo en mi vida.*
>
> *Estoy en la presencia del Gozo radiante, Amor Divino y Poder perfecto.*

Se te ha dicho que debes ayunar y orar. Quizá el verdadero ayuno es la determinación de no abrigar pensamientos negativos, quizá significa afirmar el bien continuamente. El acto del ayuno físico es simplemente un símbolo de esta gracia interna. La necesidad del símbolo desaparece cuando comprendes su significado. Ayunar es una buena práctica por lo que respecta a lo negativo, y festejar con afirmaciones solamente. ¿Por qué no ayunar con la idea de la carencia y celebrar con la idea de la abundancia?

Esto no significa de ninguna manera que necesitas alejarte del mundo y de sus actividades. Debes incorporarte a estas actividades con un nuevo sentido de la realidad, con una visión espiritual penetrante que ve la causa a través del efecto, y sabe que esta causa es el bien. Vas a practicar un sentido común excepcional, un sentido común espiritual, tan raro y tan creativo que al único hombre que lo comprobó completamente se le confundió con Dios.

Es cierto que debes ayunar del miedo si deseas establecerte en la fe. Debes ayunar de la confusión si esperas entrar en la tranquilidad. No importa si tu transición de lo negativo a lo afirmativo parece lenta, si la ascensión del valle de la negación a la cumbre de la montaña de la realización parece difícil. Cada paso te traerá más cerca de la cima.

Hay una Consciencia Divina dentro de ti que te conduce hacia arriba y hacia adelante. Prepárate para ascender, por lo tanto, llenando tu vida mental de realización espiritual. Tu pan es el maná del cielo, tu carne la palabra viviente, tu fruta la inspiración de la esperanza, tu vino la esencia del gozo. Di:

Conozco la Divinidad dentro de mí.
La Paz, la quietud y la confianza fluyen en mi pensamiento.
Sé que son mías la inspiración y guía.
Permito que la Inteligencia Divina me mueva.
Poniendo a un lado toda sensación de fardos o falsa responsabilidad, perdiendo de mi mente el miedo y la incertidumbre, entro al reino del bien hoy.
Sé que este reino es accesible a todos.

Debes siempre esperar con certeza resultados instantáneos y permanentes de tus Tratamientos. A menos que esperes tales resultados, no los podrás alcanzar, puesto que tu negación de dichos resultados sería usar la Ley al revés.

Practica un completo abandono en la fe. Esto tienes que hacerlo por ti mismo. Nadie lo puede hacer por ti. Si alguien lo pudiera hacer por ti, tú no serías tú sino que serías alguien más. No puedes vivir fuera de ti mismo, y nadie puede vivir por ti. Sólo tú puedes ser tú. Toda gran alma ha sabido esto. Ésta es la más grande de todas las verdades, la cumbre de todas las cimas. Di:

Veo a través de toda obstrucción física y mental la Única Presencia perfecta dentro de mí.
Veo a través de toda aparente contradicción el Único Ser perfecto en toda persona.
Veo a través de toda confusión aparente la Presencia Divina Única en el centro de todo.

Cuando dices que tu cuerpo es espiritual, no estás negando tu cuerpo físico. El cuerpo físico está incluido dentro, y es parte del universo espiritual. Uno no dice, "No tengo ojos, o pies, o estómago". Estos son parte del cuerpo espiritual.

El mundo de Dios no es un mundo de ilusión sino de realidades. Todo lo que hay existe con el propósito de expresar Vida.

Tú puedes reconocer las cosas a tu alrededor porque estás en la misma Mente en la que vives, la única Mente presente en todo. Esto significa que la Presencia está en todo, en un árbol, en una rosa, en toda la naturaleza, en tu propio cuerpo físico. Nada puede ser excluido de esta omnipresencia. Ésta fue la Presencia con la que Moisés comulgó cerca del arbusto en llamas, la Llama Divina que rodeó al arbusto con un aura de luz y color. Esta llama de la Divinidad lo penetra todo.

Si el Espíritu ha visto que está bien expresarse a Sí Mismo por medio de un universo físico y de darte un cuerpo físico, sería absurdo pensar que este cuerpo o el ambiente son una ilusión que no merece tu atención. Más bien, piensa en estas cosas como objetos de gozo. Debes saber que aun el universo físico te responderá cuando tú le respondas a él. Di:

> *Mi cuerpo es un templo del Espíritu viviente.*
> *Es substancia espiritual.*
> *Cada parte de mi cuerpo está en armonía con el Espíritu viviente que habita en mí.*
> *La vida de este Espíritu Divino fluye por cada átomo de mi ser, revitalizando, renovando su vigor y renovando cada partícula de mi cuerpo físico.*
> *Hay un molde de perfección en el centro de mi ser que está ahora operando en cada órgano, función, acción y reacción.*
> *Mi cuerpo es una Idea Divina eternamente renovada por el Espíritu.*

Deja de culpar a los demás o a las cosas, personas, circunstancias o situaciones, por lo que te haya pasado. Esto es inútil. Es un callejón sin salida. Es una balsa al garete en un océano de incertidumbre. Hoy vas a tomar tu vida en tus propias manos reconociendo que Dios siempre está contigo. Vas a identificarte con la bondad y con el gozo. Esto lo va a lograr tu pensamiento correcto. Pensar correctamente puede no ser lo más fácil del mundo pero es posible para todos. Di:

El Espíritu en mí está vivo, despierto y alerta. Fluye siempre en mí como vida perfecta.
Acepto mi perfección espiritual.
Sé que mi ser físico está incluido en él.
Es una manifestación de la vida, la energía, el amor, la paz y el poder que es el Espíritu.
Sé que este día en que vivo, este tiempo presente, este ahora, es perfecto.
Todo en mi mundo funciona armoniosamente, divinamente.
Vivo la plenitud de este momento.
Sé que la Sabiduría Total me guía, que el Poder Total me protege.
Que la Presencia Total me acompaña.

CAPÍTULO 11

Tú usas el mismo poder para manejar tu automóvil hacia adelante o hacia atrás. La energía no es buena cuando te lleva hacia adelante ni mala cuando te lleva hacia atrás.

Debes eliminar la idea del bien y del mal como entidades opuestas, y reconocer que hay sólo un Principio de Vida. Sólo hay una energía eléctrica dondequiera que se use, sólo un Espíritu creativo dondequiera que se le perciba, sólo un Poder espiritual dondequiera que se le entienda.

Como el éter del espacio, el Principio Creativo de la Vida está presente siempre. Estando presente en todos lados, tiene que estar presente en ti. De aquí que tiene que estar disponible en el centro de tu ser.

Aquello que te derrota cuando lo usas en forma limitada, te da la victoria cuando cambias tu actitud hacia eso, permitiéndole que fluya en ti en forma más amplia. Responde siempre correspondiendo a tus actitudes mentales. Di:

Ahora acepto todo lo que he esperado y creído.
No hay nada en mí que dude que el bien aparecerá en mi experiencia.

No hay nada en mí que pueda disipar mi fe ni oscurecer su realización clara.

Veo en cada persona lo que sé que es verdadero acerca de mí mismo.

Por lo tanto, todo aquel en el que piense es bendecido por mi pensamiento.

Nunca estás limitado por el Principio de tu ser. La limitación es el resultado de un uso limitado de este Principio. No puedes sino llegar a una conclusión: hay algo que hace honor a tu creencia, no de manera grande en un lugar y en forma pequeña en otro; sino que hace honor a tu creencia como tú lo creas. Este Principio no puede tener límite. Tu pensamiento y aceptación puede frenarlo. En esta forma, tan paradójicamente como suena, limitas lo Ilimitado. Por supuesto en realidad no Lo limitas, sino que limitas Su acción en tu propia experiencia.

¿Por qué es que no sanas instantáneamente si el Principio que usas es ilimitado, a menos que lo uses en forma limitada? Con toda seguridad, en el dominio de lo Divino se puede fácilmente disolver un cáncer o un estado de pobreza. Con toda seguridad, el milagro de la fe puede realizarse en tu experiencia. Realmente esperas con certeza las señales que procedan de tu creencia? Así parece ser cuando oras, sientes que estás usando las palabras correctas, pero ¿estás seguro que tus oraciones o afirmaciones están hechas con aceptación total?

Lo que le da poder al Tratamiento o la oración que haces no es la forma. Es tu fe. Di:

Sé que estoy en el Espíritu de Dios. Sé que el Espíritu de Dios está en mí.
Sé que este Espíritu es completo y perfecto.
Por lo tanto, debe estar completo y perfecto en mí. Sé que este espíritu está ahora operando en mis asuntos.
Está manifestando Su belleza y armonía en todo lo que hago.
Sé que mi cuerpo es una idea espiritual que ha tomado forma.
Sé que cada órgano de mi cuerpo, siendo una manifestación del

Espíritu puro, contiene dentro de sí un molde de gozo, de paz, de orden divino, de armonía y perfección total.

Supongamos que deseas ayudar a una persona solitaria. Explícale que Dios está presente en todos, que no hay sino Una Persona en Quien vive, se mueve y tiene su ser. Dile que toda la gente está en esta Única Persona, que cada uno es un centro individualizado del Espíritu. Que él ya es uno con todos los demás a través del Espíritu que existe en todos. Enséñale a ver este Uno en todos. Tú puedes seguir una práctica muy simple por él. Esto toma lugar en tu propia consciencia. Ya que es difícil para él identificarse con el bien porque está sumergido en una sensación de aislamiento, tómalo de la mano espiritualmente hasta que aprenda a caminar por sí mismo.

Recuerda, un Tratamiento Mental Espiritual es una serie de declaraciones por ti o por alguien más a quien deseas ayudar. Empieza tu Tratamiento con el reconocimiento de que la Presencia Divina incluye a todos y a todo; sabiendo que puesto que Dios está sobre todos, en todos y a través de todos, Dios está en esta persona. Di:

Esta palabra que pronuncio es por (nombra la persona).
Él es uno con Dios en este momento.
Él es uno con cada persona que encuentra. No hay pensamiento alguno de separación o aislamiento en él.
Todo pensamiento que haya negado esta unidad con la gente queda disuelto.
Internamente está consciente de su unión con todos.

Esa persona cree que está sola en el mundo. Tú sabes que es uno con toda la gente. Esta unidad de la vida queda establecida para siempre. No hay aislamiento o desunión real sino sólo aparente. Su pensamiento de soledad y aislamiento mantiene a la gente alejada de él. Aclara este pensamiento y el Uno en toda la gente se precipita, en cierto modo, a encontrarse a Sí Mismo. Tú estás trabajando con un Principio inmutable y cuando se cambia el pensamiento, la demostración se cumple. Él se encontrará rodeado de amistad, amor y apreciación.

Aquello que es definido y claro en tu propia consciencia se vuelve parte de su consciencia y empieza a trabajar automáticamente para él. A la larga debe aprender a pensar por sí mismo. Tú solamente lo estás ayudando a resolver un problema. Lo haces con gusto, con amor. Él espera que lo que tú piensas sea verdad. Espera los resultados. Tú los esperas con certeza. A él le gustaría creer. Tú lo debes saber. Lo que él espera, tú lo aceptas. Lo que él piensa que puede suceder en el futuro, tú sabes que está sucediendo ahora mismo. Tus declaraciones son siempre afirmaciones en el presente, no en el futuro.

Al cultivar tu propio pensamiento, al vivir en continua expectación y afirmación, al saber la verdad, en temporada y fuera de temporada, tú cumples con tu parte. La Ley nunca te fallará. Tu problema es convertir tu propio pensar. Esto se hace con palabras expresadas audible o inaudiblemente; con pensamientos, ideas, creencias, oración (que es una comunión silenciosa con lo Invisible), reconocimiento, meditación, o como quieras llamar el proceso.

Las palabras son moldes en los cuales fluye la substancia creativa de tu consciencia. Las palabras sin significado, mientras que pueden tener algún efecto a base de constante repetición, no pueden tener el mismo efecto que tienen las palabras con significado. Tus palabras tendrán significado en la medida que realmente sientas que son la actividad del Espíritu dentro de ti.

Jesús le dijo al paralítico que se levantara y caminara. Sus palabras fueron simples. Tú también puedes decir, "Levántate. Toma tu cama y vete." ¿Pero qué pasaría si dijeras estas palabras? ¿Tu conciencia interior se elevaría con convicción total? ¿O habría alguna reserva en tu pensamiento, alguna creencia que quizá el hombre realmente no levantaría su cama y se iría a su casa?

Aquí hay un punto sutil cuando usas el Poder que hay dentro de ti. Debes desarrollar un conocimiento espiritual que sea trascendente, que sepa que le es tan fácil a la Verdad decir, "Levántate y camina", como "Tiéndete y descansa".

Esto requiere fe y entendimiento, convicción completa de que Dios está precisamente donde estás tú, que la Vida habla por medio de ti, y que la Ley de la Vida obedece tu voluntad. Las palabras sin este conocimiento no tienen poder. El conocimiento espiritual es el agente restaurador liberado por tu palabra. Mientras que es verdad que los pensamientos son cosas, éstas se realizan en tu vida sólo en la medida que tu consciencia interior vierta el fuego de la convicción sobre la forma de tu afirmación intelectual.

La autoridad de tus palabras está en tus obras. La única autoridad que tiene tu creencia es la autoridad de lo que esa creencia produce. Jesús no hubiera dejado huella duradera en la historia si no hubiera demostrado lo que creía. Cuando dijo, "Paz", hubo paz. Cuando ordenó al viento y a las olas, "Cálmense!" el viento y las olas se aquietaron. Cuando ordenó al paralítico levantarse e irse, el hombre se levantó y se fue.

Naturalmente, puedes exclamar, "Bueno, yo no soy Jesús!" Afortunadamente no lo eres. Tú eres tú mismo. Esto es lo más maravilloso de ti. Tú eres alguien por derecho propio. Tienes acceso al mismo Poder que él usó. El Dios que siempre está contigo es el mismo Espíritu con Quien él comulgó. No hay dos espíritus ni dos poderes, no hay dos presencias divinas o dos leyes universales de la mente. No hay dos leyes de la gravedad ni dos principios de matemáticas. No le ha pasado nada a la Realidad desde que Jesús caminó por las playas de Galilea y ejerció su ministerio para las multitudes que tan fervientemente lo seguían. El Reino de los Cielos del que Jesús siempre estaba hablando es también tu reino. El Espíritu que habitaba en él está en todos igualmente disponible, dándose por igual a cada generación.

No es ni el Poder, ni la Presencia ni la Ley lo que te falta. Si hay algo que te falta es una consciencia, un conocimiento íntimo espiritual. Esta consciencia es cosa de pensamiento y convicción. Es cosa de fe y entendimiento. Esto es algo que nadie te puede dar sino tú mismo, y si lo tienes nadie te lo puede quitar. Di:

La Verdad vive eternamente en el centro de mi ser.
Sé que la fe que caminó sobre las aguas agitadas de la experiencia humana hace dos mil años, está en el centro de mi propio ser.
Sé que la calma interna que aquietó la tempestad está accesible para mí hoy.
Sé que la Verdad dentro de mí siempre triunfa.

Analiza lo que debió haber sucedido en la consciencia de Jesús cuando curó al ciego de nacimiento. La gente a su alrededor dijo que el hombre o había pecado en previas encarnaciones o que debía estar sufriendo los pecados de sus antepasados. Por lo tanto le preguntaron a Jesús si este hombre o sus antepasados habían pecado, y si por eso él estaba ciego. Jesús se enfrentó con esta proposición. Si existía la reencarnación, este hombre estaba sufriendo por pasados errores; si la ley de Moisés era verdad, los pecados de sus padres lo seguían.

Puedes imaginarte como debió haber trabajado la mente de Jesús. El sabía que la Verdad podría liberar a este hombre. Sabía que Dios ya estaba encarnado en él y que no necesitaba reencarnarse. Sabía que el Espíritu de este hombre nunca había nacido y nunca podría morir. Jesús eliminó la creencia en todos los pecados o errores previos por medio de su consciencia del Dios que siempre está presente, Cuya visión nunca falla, y Cuyo ojo que todo lo ve nunca se ha nublado.

La angustia de la condenación, el dogma de las falsas creencias fueron totalmente disueltos. Él sabía que este hombre era uno con la Mente Eterna. Por lo tanto, sabía que al apartarse de su consciencia de pecado y error, quedaría libre. Todas las responsabilidades previas fueron eliminadas. Todo error fue corregido.

Este mismo entendimiento está disponible para ti. Esta misma compasión es tuya ahora. Esta misma realización divina espera tu reconocimiento de su acción benéfica para ti. Tú eres uno con el Dios que está exactamente donde estás tú. Di:

El espíritu de Infinita Paz recorre todo mi ser.
Vivo, me muevo y existo en esta Paz.
Sé que no hay juicio, condenación ni miedo. Comprendo que todos y todo dirigen su esfuerzo hacia la luz.
Sé que la paz existe en el centro de todo.
Renuncio a toda confusión y me permito elevarme al dominio del Espíritu puro que siempre está libre de duda e incertidumbre.
Sé que Dios está exactamente donde estoy yo.

Cuando haces un Tratamiento Mental Espiritual te enfocas en un poder y das dirección consciente a algo que se ha acumulado dentro de ti por medio del reconocimiento continuo. La paz que tu intelecto afirma debe estar apoyada por una consciencia generada a través quizá de esfuerzo repetido y laborioso. El premio vale la pena el esfuerzo. Si siempre estás buscando internamente tener una consciencia de la Presencia Divina, encontrarás que es más y más fácil dirigir la Ley de la Vida hacia propósitos definidos. Di:

Sé que hay una Presencia dentro de todo.
Sé que esta Presencia me responde.
Sé que toda persona es una encarnación de Dios, que el Espíritu viviente respira en todos.
Reconozco este Espíritu y Éste me responde. Comprendo que todo está vivo, despierto y consciente del Espíritu.
Yo comulgo con esta Presencia Divina.
El Espíritu dentro de mí avanza y comulga con el Espíritu que está en todo y en todos los que encuentro. Es el mismo Espíritu en todo, sobre todo y a través de todo.

CAPÍTULO 12

El Dios que habita dentro de ti conoce por pura intuición. Es decir, sin el proceso de razonamiento con referencia a factores externos o condiciones existentes.

Si Dios fuera a saber de cualquier otra manera, sería limitado. Por ello que se dice que Dios es omnisciente o que lo sabe todo. Tal omnisciencia o total sabiduría existe en el centro mismo de tu ser. Por lo tanto, la Guía Divina existe en el centro de tu ser, actuando como principio de índole natural.

Si estás viviendo en una Inteligencia que sabe instantáneamente la respuesta a todo problema, estás viviendo por lo tanto, en una Inteligencia que no tiene problemas. Estás trayendo por consiguiente, tu problema a un Principio que no tiene problemas, tal como la electricidad o las matemáticas, o la ley de la gravedad que no tienen problemas. Toma un objeto más pesado que el aire y suéltalo; la ley de la gravedad lo pondrá en la tierra. El problema sería que tuvieras que forzar este objeto a llegar a la tierra. Para la ley que trabaja automáticamente no es problema. Sueltas el objeto y el resto es automático. Así sucede con el uso de otros principios en la naturaleza. Así sucede con la Guía Divina.

El sentido común te dirá que esa Guía Divina no puede existir para unas cuantas personas. No puede existir para alguna religión en particular, o para la aceptación de algún credo dogmático. La Guía Divina debe existir para ti y para todo mundo – o para nadie – exactamente como la electricidad existe para todos. La Guía Divina, como la Presencia de Dios, está donde estás tú, en el centro de tu ser. Cuando recurres al Espíritu para la solución de tu problema, el Espíritu contesta sabiendo intuitivamente, no el problema sino la respuesta. Si tienes un problema de confusión y deseas obtener la paz, no lo podrías solucionar pidiendo a Dios la paz, porque Dios ES paz. Tu respuesta se revelaría al volverte de la confusión a la contemplación de la paz. No se puede juntar la confusión con la paz. Tienes que olvidar una si quieres unirte con la otra. Di:

Sabiendo que la Ley de Dios es perfecta, dejo a un lado todo miedo, incertidumbre o duda.
No hay peso alguno en mi consciencia.
Yo vivo en el Reino de los Cielos ahora.
Gozo de la Presencia Divina.
Me baño en la luz del sol de la eterna Verdad.
Conscientemente entro a la bendición de la Paz.

Al elevarse tu consciencia del problema a la atmósfera espiritual de la afirmación, el problema como tal desaparece, y en su lugar la solución aparece. Cada problema contiene su propia respuesta si piensas en el problema sólo como pregunta, como investigación, y no como obstrucción. Pensando en él de esta forma, mantén tu mente no en la repetición de pensamientos acerca del problema, sino en recibir una respuesta definida.

Trabaja con tu consciencia hasta que cese de funcionar al nivel de problema y empiece a funcionar en el nivel de respuesta. Es matemáticamente cierto que tu problema se resolverá si haces esto. Puede ser que hacer esto no te parezca la cosa más fácil del mundo, pero aún cuando a veces sea difícil, no debes permitir nunca verte desanimado. El premio es seguro.

Recuerda, no le estás presentando a Dios el problema. Dios no tiene problemas. Los Principios no tienen problemas. Dios sabe intuitivamente, y el principio de la Guía Divina trabaja automáticamente con tu aceptación. Por lo tanto, cuando traigas tus esperanzas y aspiraciones al Centro Divino dentro de ti, ponlos en el altar de tu fe con entera confianza. Di:

El Espíritu dentro de mí sabe la respuesta a cualquier problema que se me presente.

Ahora cambio del problema al Espíritu, aceptando la respuesta.

Cambio de cualquier pensamiento de confusión a la consciencia de la paz.

Sé que el Espíritu de Dios está dentro de mí, y la Ley de Dios está a mi alrededor.

Sé que la respuesta (piensa en el problema no como problema, sino meramente como pregunta) está aquí y ahora.

Está en mi propia mente, porque Dios está exactamente donde yo estoy.

Con confianza serena, con expectación perfecta, fe firme y paz total, renuncio al problema como problema.

Como resultado obtengo la respuesta.

Éste es el secreto de la respuesta a la oración. Porque no importa qué convicción religiosa tenga el que ora, en el acto de la oración efectiva, él abre su consciencia a la corriente Divina. Aquello a lo que él abraza fluye a través suyo, instruye su intelecto, profundiza su voluntad, y ejecuta su ley por medio de su acción.

Por medio de la Intuición Divina entra conscientemente al campo superior de tu mente donde existen la paz y el gozo siempre. Hazlo humildemente, pero con una sensación de triunfo; mansamente pero con una consciencia de valor, no tímidamente, como el que llama a una puerta que podría rehusar abrirse, sino atrevidamente, como aquel que sabe en Quien ha creído.

Estás usando una Ley inmutable, un Principio infalible, un Poder eterno. Así de simple. La mente que tú tienes es la Mente de Dios. Ésta no sabe nada de pequeño o grande, difícil o fácil, pero lo que hace para ti debe hacerlo por medio de ti. De aquí que debes creer antes de que Ésta pueda operar a tu favor. Di:

Reconociendo que el Espíritu Divino puede darme sólo lo que puedo recibir, sabiendo que lo que el Espíritu haga por mí, debe hacerlo por medio de mí, ahora acepto el regalo de la Vida.
Permito que la Vida Infinita fluya en mí.
Permito que la Inteligencia Divina actúe por medio de mí, sabiendo que todo el poder que hay, toda la presencia que hay, toda la vida que hay es Dios, el Espíritu Viviente Todopoderoso.

Identifícate con el objeto de tu deseo. Piensa en la belleza y en la paz, y atraerás la paz y la belleza. Obsérvate para ver si crees que cualquier condición o situación puede limitar tu uso de esta Ley Divina. De ser así, automáticamente estás haciendo que la Ley trabaje a través de esa condición limitante. Estás condicionando la Ley a tu propia aceptación. Esto no quiere decir que estás limitando la Ley. Solamente estás diciendo: Esto es lo que espero de la vida. En otras palabras, tú crees que la posibilidad de tu experiencia personal ya está determinada por tu ambiente. Di:

La Ley del bien fluye a través de mí. Soy uno con el ritmo de la vida.
No hay nada que temer. No hay nada que dudar.
Dios está sobre, dentro y a través de todo. Dios está aquí donde yo estoy.
Estoy en paz conmigo mismo.
Estoy en paz con todos los que me rodean.
Estoy en paz con el mundo en que vivo.
Estoy en paz con el Espíritu Divino en el que estoy sumergido.

Consideremos la felicidad. Todo el mundo desea ser feliz. Todo el mundo se esfuerza por la felicidad. Muy pocos la obtienen. La felicidad no es un libertinaje mental. Si uno tiene que intoxicarse intelectual o emocionalmente para ser feliz, como aquel que ha bebido demasiado alcohol, entonces tarde o temprano recobrará la sobriedad y tendrá que hundirse otra vez en un estado anormal para revivir su felicidad. La felicidad debe venir de un pozo más profundo del ser.

La felicidad permanente viene de una serena conformidad, y de un sentido íntimo de certeza que no pueden ser afectados por condiciones externas ni buenas ni malas. La mente debe llegar a un lugar en que ya no recuerde el pasado con angustia, o que mire al futuro con incertidumbre. Si crees en la Bondad Divina, en la bondad amorosa, y la generosidad de Dios, si crees que tu propia alma es inmortal y de eterno desarrollo, entonces no importa qué situación se presente, tú puedes ser feliz. Di:

Yo tengo una convicción íntima y serena de mi unión con Dios, mi unidad con Dios.

Tengo una profunda convicción de que estoy rodeado por una infinita Ley que recibe la impresión de mi pensamiento y actúa creativamente sobre él.

Estoy consciente de mi habilidad de usar esta Ley, de dirigirla con propósitos específicos para mí y para otros.

No hay nada en mí que pueda negar, limitar, obstruir, desviar, o en forma alguna impedir que use esta Ley.

No hay argumento, ni creencia, ni superstición, ni duda que pueda proyectar una sombra de incredulidad en mi mente.

Reconozco que esta Ley existe, y estoy consciente de que yo sé cómo usarla.

Cierto es que tendrás que amar a tu prójimo si deseas ser feliz. Tu unión con Dios implica tu unión con todo lo que existe en tu vida. No temas. No trates de evitar pensar en ello. La unión Divina significa unión con todo. Esto no quiere decir que ames a los que viven cerca de ti menos, sino que ames a toda la humanidad más.

Piensa por un momento en aquellos en quienes has derramado particularmente tu afecto. Ahora permite a tu imaginación incluir más. Di para ti mismo: "¿Cómo sería si estos a quienes amo tanto, se multiplicaran hasta que finalmente todo el que encuentre despertara en mí un afecto igualmente profundo?"

Atrévete a perder tu cariño pequeño, y lo encontrarás aumentado y multiplicado un millón de veces en una unión más amplia.

Aprende a sentirte como en tu casa en el universo. No más soledad. No más sensación de aislamiento. Ve a Dios en Todos, el mismo Dios con cara diferente, el mismo Principio animado con forma diferente. La misma Presencia Divina adoptando expresión individual. Hay una fuente de vida de la cual, si el hombre bebe, nunca más tendrá sed. Tu búsqueda es esta fuente en la que puedas sumergirte. Tú no puedes lanzarte a las aguas de la Vida real a menos que tomes a todos los demás contigo. El universo es un sistema.

No puedes ser feliz a menos que creas en la inmortalidad. Tú no tienes sólo el gozo del vivir hoy, sino el gozo igual de saber que vivirás para siempre. Tus horizontes se ampliarán llenando tu vida siempre de nueva esperanza, nuevo vigor y nueva seguridad.

Tú eres un ser eterno que ahora está en el camino del desarrollo sin fin, no siendo nunca menos sino más de ti mismo siempre. La Vida no es estática, es siempre dinámica y eternamente creativa. No algo hecho y terminado, sino algo vivo, despierto y consciente. Hay algo dentro de ti que canta la canción de la eternidad, escúchala. Hay una eterna primavera en tu alma. Siempre saliendo pero nunca ocultándose está el sol de tu destino.

Comulga con la Presencia invisible dentro de ti hasta que alcances la certeza de que va más allá de la esperanza, algo que te permita ver tan claramente el futuro como el pasado. Que Dios te conceda alcanzar esta libertad hoy. Di:

Me niego a preocuparme de nada.
Tengo total confianza en que Dios, que siempre está conmigo, puede y quiere dirigir todo lo que hago, controlar mis asuntos, guiarme por el camino de la paz y la felicidad.
Renuncio a toda condenación contra mí mismo o contra otros.
Abandono toda animosidad.
Ahora entiendo que hay un Principio y una Presencia en cada

persona que gradualmente lo conducen al Reino del Bien.
Sé que el Reino de Dios está aquí y estoy resuelto a entrar a este Reino, a poseerlo y dejar que me posea.

Tienes adentro un socio silencioso cuya energía es inagotable, y cuya inteligencia no tiene límites. Este socio silencioso es más que una reacción subjetiva o inconsciente de la vida, es la Vida Misma.

Debes encontrar y mantener íntima comunión con tu verdadero Centro. Tu poder creativo no es un acto de la voluntad. Es más bien, un acto de tu voluntad de creer. Y tú crees en algo más grande que tu ser objetivo, algo más profundo que tu propio subconsciente, en algo más allá del pensamiento colectivo del mundo. Tu poder creativo se origina en el Espíritu Mismo, que no conoce límites, que no está condicionado por ninguna circunstancia ni gobernado por ley alguna fuera de Sí Mismo.

Arrójate con abandono total en los brazos del fuego consumidor de la convicción íntima. Di:

Sé que el Espíritu Divino está operando a través de mí ahora.
Sé que no estoy limitado por nada que haya sucedido, ni por nada que esté sucediendo ahora.
Ahora entro a un juego completamente nuevo de condiciones y circunstancias.
Aquello que no tiene límite fluye por mi consciencia y se convierte en acción.
Estoy guiado por la misma Inteligencia e inspirado por la misma Imaginación que esparce los rayos de luz de luna sobre las olas, y mantiene las fuerzas de la naturaleza bajo Su dominio.

Trata de sentir una unión tal con esta Presencia invisible que Ésta se convierta para ti en una Persona infinita y no en una persona separada de ti, sino en una Persona operando a través de ti.

La Unidad no significa uniformidad. Por lo tanto, debes saber que Dios está siempre actuando en ti en una forma única y original. Trata de sentir que algo nuevo y maravilloso te va a suceder cada día. Di:

> *Estoy consciente de que el Espíritu Divino está actuando a través de mí.*
>
> *Estoy consciente de que la Verdad me libera de toda creencia en la necesidad, la carencia, o la limitación.*
>
> *No hay duda ni incertidumbre en mi mente.*
>
> *Me siento seguro y capaz de hacer cualquier cosa que tenga que hacer.*
>
> *No tengo miedo ni a la vida ni a la muerte, porque sé que la muerte se destruye en la vida.*
>
> *Sé que toda alma viviente encontrará emancipación total más tarde o más temprano.*
>
> *Por lo tanto, me ubico "entre los eternos caminos", y dejo que los vientos de Dios soplen plena y libremente a mi alrededor.*

Tienes tanta evidencia de la existencia de tu alma como la tienes respecto al átomo. Mientras que es verdad que nadie ha visto esta alma, también es verdad que nadie ha podido ver jamás el amor, la belleza o la inteligencia. Ahora mismo tú tienes un cuerpo invisible. Eres completamente inmortal ahora, y deberías empezar a vivir como un ser inmortal.

El alma es lo triunfante, indestructible e inconquistable que posees. Lanzada de lo Invisible a esta experiencia, constituye tu gran realidad. Pero, ¿por qué esperar la muerte física para gozar y experimentar tu ser inmortal? No te prepares para morir. Prepárate para vivir, no importa que tengas diez o cien años de edad. La muerte no existe. Es imposible que mueras. Deja de tratar de morir y empieza a vivir.

Cada otoño trae una cosecha, y sin embargo nunca te deja con el pensamiento de la finalidad. Siempre habrá un plantío nuevo, flores nuevas y frutas nuevas, épocas nuevas para sembrar y cosechas nuevas. No importa qué hayas cosechado el año pasado, hoy puedes crear un futuro nuevo si tienes fe en que sí puedes. Planta, entonces, esperanzas y aspiraciones nuevas. El Señor de la cosecha te permitirá cosechar lo que hayas plantado.

CAPÍTULO 13

Tú sabes que la Vida no se te puede negar. Todo lo que la Vida es y tiene se te da plenamente para que lo disfrutes. La Vida de Dios es perfecta y eterna, es la esencia de todo lo que existe. La Vida es el regalo que Dios te da. Siempre está lista para manifestarse por medio de ti en Su totalidad.

Tú eres una mente con libre albedrío dentro de una Divinidad que todo lo penetra. Siempre estás en medio de la Vida, una Vida que vive eternamente, y que vive por medio de ti ahora. Por lo tanto, no tienes que preocuparte por el paso del tiempo, por el movimiento a tu alrededor, ni por la variedad de tus experiencias. Hay algo en ti que permanece inmóvil, que te habla directamente diciendo, "Estate tranquilo y conoce que soy Dios". Di:

Conscientemente, extraigo de la Vida que es mía.
Sé que la totalidad de la Vida, que es Divina en su origen, eterna en su Presencia, y siempre disponible, es mía.
La Vida del Espíritu eterno es mi vida.
Las riquezas infinitas de Su ser son mías para que las disfrute.
La vitalidad, la sabiduría y la paz de Dios son mías. Las acepto completamente con gozo y en paz.

Tú eres parte de la Mente Universal, eres uno con la Substancia Universal. Tú vives, actúas y existes en el Espíritu puro. Toda la riqueza, el poder y la bondad de este Espíritu existe en el centro de tu ser. Tu experiencia es buena en la medida que lo aceptes, lo creas y lo sientas.

Ya que la única vida que tienes es la Vida del Espíritu dentro de ti, lo único que necesitas es permitir que Su resplandor fluya en tu pensamiento hasta que se exprese.

Estás rodeado de una fuerza dinámica, una gran corriente de poder viviente. Estás sumergido y saturado por la esencia vital de la Vida. Su presencia lo penetra todo, juntándolo todo en una unidad entera.

Al entrar a la vida, sintiendo la Presencia Divina en todo, oirás más y más una Canción de Gozo cantando en el centro de tu ser. Sólo tienes que guardar silencio y escuchar esta Canción de Vida porque siempre está ahí. Di:

Sabiendo que la amorosa Presencia está siempre más cerca de mí que mi propio aliento, nada tengo que temer.
Siento esta amorosa protección a mi alrededor.
Sé que la Canción de Gozo, de Amor y de Paz está siempre cantando este himno de alabanza y belleza en el centro de mi ser.
Por lo tanto, elimino de mi mente toda idea de infelicidad y negatividad.
Mi pensamiento está dirigido hacia la luz de la vida, la brillantez y la risa, hacia la presencia gozosa del Espíritu radiante.
Hago a un lado toda ansiedad, toda lucha, y dejo que la ley del Amor Divino opere a través de mí en mis asuntos.
Con alegría acepto mayor abundancia, más éxito, y paz más profunda.
El gozo se expande en mi mente y la Vida canta Su canción de éxtasis en mi corazón.

El sabio chino dijo que Tao (o sea el Espíritu) "lo produce todo, lo nutre todo, y lo mantiene todo". Circula a través de todo y está en todo, siendo todo lo que existe, no hay nada fuera de Él. Hay una Presencia espiritual que penetra el universo, expandiéndose en tu consciencia, eternamente proclamándose a Sí Misma como el origen de tu ser. Los iluminados de todos los tiempos han dicho que el reconocimiento de la Vida es Dios dentro de uno, reconociéndose a Sí Mismo en todo lo que hacemos. No hay sino una sola Presencia en el universo. Debido a que está dentro y a través de todo, debe estar en ti y a través de ti. Esta Presencia se manifiesta dentro y a través de toda forma, toda persona, toda condición. Esta Presencia es la Vida Misma. Su naturaleza es el amor y la generosidad.

La negación puede ser una experiencia y un hecho, pero jamás puede ser una verdad fundamental. La Vida puede operar contra Sí Misma. Lo negativo siempre es derrotado por lo positivo. El bien no puede dejar de vencer al mal. Sólo el humilde heredará la tierra. Finalmente, destruirá todo lo que le sea opuesto, al igual que el sol disuelve la niebla. Di:

Me niego a contemplar el mal como poder.
Sé que huirá de mí; que se disuelve y desaparece a la luz del amor.
Sé que el odio no puede existir donde se reconoce el amor.
Dirijo la antorcha de la Verdad sobre el mal aparente en mi vida.
Esta luz disuelve toda imagen de maldad. La manifestación del bien es completa.
El amor aclara mi camino.
Estoy siendo guiado a una experiencia de vivir que se amplía eternamente.
Cada uno de mis pensamientos y acciones son una expresión de la bondad que emana de la Vida.
La Divinidad circula por mí automática y libremente. Cada átomo de mi ser está animado por Su acción.
Sé que tengo siempre un socio silencioso e invisible caminando a mi lado, hablando conmigo, operando en mí.
Continuamente mantengo mi mente abierta a Su guía, su inspiración y su iluminación.

Tú atraes o rechazas según tus actitudes mentales. O te identificas con la carencia o con la abundancia, con el amor y la amistad, o con la indiferencia. No puedes evitar atraer a tu experiencia lo que corresponde a la suma total de tu estado de consciencia. Esta ley de atracción y repulsión trabaja automáticamente. Es como la ley de la reflexión –la reflexión corresponde a la imagen que se coloque ante el espejo. La vida es un espejo lleno de las formas de tu propia aceptación.

Entonces, tienes que vigilar cuidadosamente tus pensamientos, no solamente viendo que los conserves libres de dudas y miedo, aceptando sólo el bien, sino que igualmente, tienes que repeler conscientemente cada pensamiento que niegue ese bien.

Sabiendo que la Ley de la Mente trabaja automáticamente sobre tu pensamiento, o que tu pensamiento trabaja sobre Ella, puedes librarte de todo sentimiento de responsabilidad personal, mientras que al mismo tiempo permaneces consciente de que aun las leyes espirituales deben ser usadas definidamente si quieres que produzcan resultados tangibles en tu vida. Di:

Creo con absoluta convicción que mi palabra no volverá vacía.

Sé que las leyes espirituales ejecutan sus funciones al igual que las otras leyes de la naturaleza.

Sé que mi palabra penetra cualquier incredulidad de mi mente, desvanece todo temor, elimina la duda, limpia mi camino de obstáculos permitiendo que se realice sólo lo duradero, perfecto y puro.

Tengo fe y aceptación total en que las declaraciones que hago se llevan a cabo como lo he creído.

Todo lo hago con confianza en la Ley del Bien, por lo tanto, sé que mi palabra no volverá vacía.

Acepto esta palabra y me regocijo en ella.

Acepto resultados completos y perfectos de ella.

Me tranquilizo y dejo que el Poder que es más grande que yo, trabaje para mí, en mí y a través de mí.

Hay un Poder que es Dios en el centro de cada persona, una Presencia que no sabe de carencia, limitación, miedo, enfermedad, inquietud ni imperfección. Esta Presencia y Poder está en el centro de toda la gente y todas las cosas. Pero debido a que cada quien es individual, todos pueden construir una barrera de pensamientos negativos entre ellos mismos y esta perfección. Esto dificulta que el verdadero centro salga a la superficie.

Cuando esto sucede, en la mente queda impreso sólo el ambiente externo, que declara que la pobreza y el dolor deben necesariamente acompañar a todo hombre en su paso por la vida. Todo este proceso es una actividad del pensamiento que se acepta consciente o inconscientemente. La barrera que te mantiene alejado de mayores bienes está construida por obstrucciones mentales unidas con el cemento del miedo y la incredulidad, mezclados en el mortero de la experiencia negativa.

Ahora tienes que derribar esta barrera, destruirla completamente. La vista que estaba obstruida por esta barrera ahora se puede ver en toda su grandeza. El sol realmente nunca dejó de brillar, y el Río de la Vida corre eternamente. Habiendo destruido la barrera, te puedes sentar a la orilla del río y contemplar la belleza de la naturaleza, o te puedes bañar en su tranquilidad refrescante.

Cada experiencia del hombre es un intento de fundir su propio ser con el río eterno, no para perder su identidad, sino para el descubrimiento de ese sí mismo que nunca abandonó su cielo completamente. Como un eco de alguna playa desconocida, ahí está la voz buscando ser oída. Como las nubes que obscurecen las cumbres de las montañas de la visión, los pensamientos del miedo y la duda obstruyen la gran vista. Di:

Sé que hay una Presencia y una Ley perfecta irresistiblemente atrayendo a mi experiencia todo lo que hace que la vida sea feliz y valiosa.
No puede llegar a mí nada más que el bien.

El bien que recibo no es sino el cierre de un círculo, el cumplimiento de mi deseo para todos.
Yo ya no juzgo según las apariencias mentales o físicas.
He depositado mi confianza en el Poder, la Presencia y la Perfección de Dios.
Por lo tanto, tengo dominio sobre toda la maldad aparente.
Repudio sus demandas, desecho todo temor o creencia en lo que no es bueno, y hago uso del dominio que por derecho divino me pertenece.
Sé que la libertad y el gozo son míos hoy.
Esta libertad y gozo se expresan espontáneamente en mi experiencia.
No hay nada en mí que pueda impedir que se realicen. Yo les permito circular en mí en todo su esplendor y su poder.
Estoy consciente de que una Sabiduría Infinita me dirige.
Todo lo que tengo que saber lo sé. Todo lo que tengo que hacer lo hago. Todo lo que me pertenece llega a mí.
Debo reconocer mi bien, entenderlo y aceptarlo, y ponerlo en acción.
Por lo tanto, declaro que a cada paso en mi camino estoy guiado y protegido.
Con alegría entro al cumplimiento de la Vida.

CAPÍTULO 14

A mados, ahora somos los hijos de Dios". El Reino de Dios está a la mano. Tú ya has heredado todo lo que pertenece a este reino. Las riquezas, el poder, la gloria, y la fuerza de este reino son tuyos hoy.

No les robas nada a los demás si entras de lleno a tu reino de alegría, a tu reino de abundancia. Reconoces que toda la gente pertenece al mismo reino. Tú únicamente estás reclamando para ti lo que la ley del bien haría por todos.

No hay ley humana que se imponga sobre ti. El mal no tiene historia. La limitación no tiene pasado. Lo que se opone al bien no tiene futuro. El eterno ahora está siempre lleno de la presencia de la vida perfecta. Tú has sido siempre, y así permanecerás, una expresión completa y perfecta de la Mente Eterna, que es Dios, el Espíritu Todopoderoso viviente. Di:

Hoy entro a las ilimitadas variaciones de mi propia expresión que el Espíritu Divino proyecta en mi experiencia.
Sabiendo que toda experiencia es un juego de la Vida sobre Sí Misma, el florecimiento del amor en su propia expresión, la aparición del bien en el gozo de su propio ser, participo en el juego de la vida con alegre anticipación y con entusiasmo.

Juego el juego de la vida bien y lo disfruto.
Hoy entro en mi herencia Divina, sacudiendo mi pensamiento para eliminar toda creencia en que las condiciones externas han sido impuestas sobre mí.
Yo declaro la libertad de mi naturaleza Divina.
Yo poseo el Reino de Dios en toda su plenitud.
Miro larga, sincera y simplemente a todo objeto, a toda persona.
Espero en la puerta con expectativa hasta que mi aceptación me conceda el privilegio de mirar Su rostro para siempre.
No esperaré mucho, porque hoy tengo la certeza de ver Su presencia brillante.
Espero con certeza vestirme con la "túnica sin costuras" de la unión Divina.
Hoy es mi día.
Dejo que éste viva a través de mí.

El discípulo Juan nos dice que Dios es Espíritu, y Job dijo que hay un espíritu en el hombre y una inspiración, el entendimiento que le da la libertad. Jesús, con la máxima simplicidad, proclamó en el éxtasis de su iluminación: "Yo y el Padre somos uno". ¿Qué crees que pasaría si creyeras esto, no solamente como concepto intelectual, sino profunda e íntimamente, con una creciente comprensión de su significado? ¿No venderías todo lo que posees por esa sola perla de gran valor, por esa gota de agua tomada del océano del ser, por esa cumbre de la montaña de la revelación? Si el hombre más sabio que haya vivido proclamara esta verdad, ¿no la aceptarías simple, directa y sinceramente?

Quizá esto suena demasiado bueno para ser verdad, y sin embargo, toda la naturaleza es un vivo ejemplo, un recordatorio continuo de que hay un Espíritu animándolo todo, una Presencia difundida, una Ley que gobierna, una Unidad que sostiene, una Voluntad coordinadora que mantiene todo unido, un Principio unificador que mantiene todo en su lugar. Di:

Limpio todas las ventanas de mi mente, a fin de que ésta se convierta en un espejo que refleje la inspiración del Altísimo.

Lo hago no con esfuerzo arduo, sino con contemplación serena, alcanzando delicadamente y afirmando un reconocimiento íntimo.

Hoy camino por la senda de la inspiración.

Sé exactamente qué hacer en toda situación.

Hay una inspiración dentro de mí que gobierna cada acto, cada pensamiento con certeza, con convicción y paz.

La llave que abre los tesoros del reino del bien está en mi mano.

Abro la puerta de mi consciencia suavemente para que la Presencia Divina inunde todo mi ser con luz, para que ilumine mi ser con Su resplandor radiante, y dirija mis pasos por el camino de la paz y la alegría.

Cada una de las partes de tu cuerpo está hecha de la substancia pura. Hay un cuerpo espiritual que no puede deteriorarse. Este cuerpo espiritual ya está en ti. Aparece en la medida en que se le reconoce. Este reconocimiento toma lugar en la mente. Es la mente la que obstaculiza o permite la emanación de este cuerpo espiritual a través de la forma física. Jesús dijo: Destruye este cuerpo y yo construiré otro sobre él. Él sabía que el cuerpo espiritual es indestructible, eterno y perfecto. Viendo ese cuerpo perfecto en lugar del cuerpo enfermo es como pudo curar instantáneamente toda clase de enfermedades.

La perfección espiritual siempre responde a la consciencia del hombre pero sólo puede responder en la medida en que él esté enterado. Esta consciencia es un sentimiento interno de convicción, y en cierto sentido, una digestión mental de su significado. Tu mente digiere ideas igual que tu cuerpo digiere alimentos. Las leyes espirituales, mentales y físicas son idénticas. Cada una produce una acción y reacción similar a su propia naturaleza.

Tú ya tienes un cuerpo espiritual, pero tu mente no lo sabe. Por lo tanto, la mente automáticamente se convierte en un espejo que refleja, o la perfección interna o la imperfección externa y aparente. Es debido a esta perfección interna tan insistente que mantienes un cuerpo físico, pero como tú eres una persona con libre albedrío puedes, si gustas, colgar una cortina entre su vida física y su causa espiritual. El reconocimiento espiritual ayuda a abrir esta cortina. Cada declaración que haces con profundo sentimiento sobre tu cuerpo o creencia, que tienes acerca de él, lo cual hace que la mente acepte al Espíritu como la substancia del cuerpo, tiende a sanar. Di:

Comprendo que hay una Presencia Divina en el centro de mi ser.
Dejo que este reconocimiento circule por toda mi consciencia.
Dejo que llegue hasta lo más profundo de mi ser.
Me regocijo en este reconocimiento.
La Vida perfecta de Dios está en mí y a mi alrededor, en cada parte de mi ser.
Como el sol disuelve la niebla, así mi aceptación de la Vida disuelve toda pena y discordia.
Soy libre debido a que el Espíritu de Vida en mí es perfecto.
Éste remodela y vuelve a crear mi cuerpo a semejanza del molde divino del cuerpo que existe en la Mente de Dios.
En este momento el Espíritu viviente fluye en mí.
Yo abro ampliamente la puerta de mi consciencia a Su influjo.
Dejo que mi cuerpo físico reciba al Espíritu viviente en cada acción, función, célula y órgano.
Sé que todo mi ser manifiesta la vida, el amor, la paz, la armonía, la fuerza y el gozo del Espíritu que habita en mí, que está encarnado en mí, que es mi ser entero.
Ahora tengo vigor y estoy completo.
Poseo la vitalidad del Infinito.
Estoy fuerte y bien.
La Vida del Espíritu es mi vida.
Toda su fuerza es mi fuerza.
Su poder es mi poder.
Su cuerpo es mi cuerpo.
Cada una de mis respiraciones es un aliento de perfección, vitalizando, formando y produciendo cada célula de mi cuerpo.

Yo nací del Espíritu.
Estoy en el Espíritu.
Yo soy el Espíritu hecho visible.

La Vida llena todo espacio y el Espíritu anima toda forma. Es este Espíritu en ti el verdadero actor en todo lo que haces, pero como eres individuo, aún el Espíritu no puede hacerte el regalo de la Vida a menos que tú lo aceptes. La Vida puede habértelo dado todo pero sólo aquello que aceptes es tuyo para que lo uses. La Vida hace las cosas de Sí Misma por medio del proceso simple y directo de convertirse en lo que crea. Por eso se ha escrito que la palabra de poder, de vida y acción, está en tu propia boca, es decir, en tu pensamiento.

El volver de cada hecho objetivo a la Divinidad que habita en ti, es volver de condiciones a causas, a ese dominio del Ser Absoluto que, al conocerse a Sí Mismo, crea las formas que proyecta y entra en la experiencia que crea. Por lo tanto el Espíritu se ve a Sí Mismo completo en todo. Todo está vivo con Dios, saturado de la Divinidad.

Hay muchos que dudarán de esto. Sólo los que han creído tendrán pruebas. La mayor esperanza y aspiración de la humanidad ha sido fundada sobre las vidas de aquellos pocos que han creído. Tú eres uno de estos. Tú sí crees. Nada puede nublar tu fe. Nada puede humedecer tu ardor. Nada puede hacerte dudar.

Por medio de la manifestación del poder que existe en ti, puedes proyectar cualquier experiencia objetiva que desees legítimamente. Asegúrate de aceptarla y de vivir en expectativa alegre de tu bien, aceptando la abundancia.

Asegúrate de animar tu experiencia con el pensamiento de la abundancia, de afirmar que la Substancia Divina está siempre abasteciéndote. ¿No dijo el sabio, "Cuando oras, cree que todo lo que deseas lo recibes, y lo tendrás"? Di:

Hoy reconozco la abundancia de la vida.
En mi experiencia todo lo animo con esta idea. Sólo recuerdo el bien.

Acepto sólo el bien.
Espero con certeza sólo el bien. Esto es todo lo que experimento.
Doy gracias de que este bien viene hacia mí en volumen creciente.
A mi mente le digo que hay un bien suficiente para todos.
Yo no limito ese bien ni para mí ni para otros, sino que proclamo que esa substancia espiritual fluye eternamente hacia todos y cada uno como su abastecimiento de cada día.

Debes acostumbrarte a pensar que eres un ser divino. Todo es parte de una gran Unidad. Todo en la naturaleza es una individualización de una Vida coordinadora, de una Ley del ser, y de una Presencia. La mente se ha llenado tanto de lo que contradice esto, que aún la Verdad tiene que esperar que se le reconozca. "Mirad, llego a la puerta y toco". Cuando abres la puerta, el Huésped Divino entrará y cenará contigo.

Debes aprender a estar consciente de la Presencia Divina y del Poder Divino, de la totalidad de la Verdad, del Amor, de la Razón, y de la mente sana. En lugar de ubicarte en pensamientos negativos, haz que tu mente radique en la paz y el gozo. Debes saber que el poder del Espíritu invisible está funcionando en ti ahora, en este mismo momento. Retén esta verdad con certeza total. Di:

Sé que soy un ser perfecto ahora, que vivo en condiciones perfectas hoy.
Sabiendo que sólo el bien es real, sé que hay un Poder que actúa y reacciona en mi experiencia, en mi cuerpo y en mi pensamiento.
Sé que el bien sólo tiene el poder de actuar o reaccionar.
Todo lo que hago, digo o pienso hoy será hecho, dicho o pensado desde el punto de vista espiritual –que Dios, que es Vida, está en todo.
Sé que este reconocimiento establece la ley de la armonía en mi experiencia, la ley de la prosperidad, la sensación de

felicidad, paz, salud y gozo.
Hoy comulgo con esta Presencia invisible que llena el mundo con las manifestaciones de Su vida, Su luz y Su amor.
Levanto el velo que oculta mi ser real, y me acerco al Espíritu que habita en todo y en todos.
Acepto que todo pertenece a este Espíritu. Yo profeso que todo comparte Su naturaleza.

Se ha escrito que Cristo es tu redentor; también que Cristo está en ti. Se te ha dicho que tu redención está a tu alcance. Se te ha dicho que despiertes al hecho de que ese Cristo te puede dar luz, El Cristo en ti, la esperanza de tu gloria. Se te ha dicho que renueves tu mente despojándote del hombre viejo y poniéndote el hombre nuevo, la Verdad que es el Cristo en ti. Todas estas declaraciones místicas se refieren a tu naturaleza espiritual. Fueron escritas por gente que experimentó la iluminación de tener la misma naturaleza consciente del Infinito.

Por supuesto, todos somos hijos de Dios, pero sólo unos cuantos han reconocido esto completamente. Sólo unos cuantos han preparado sus mentes para recibir esta Verdad en todo su significado; con todo su poder, majestad y fuerza. Ahora eres uno con ellos. Has decidido vivir como si esto fuera cierto. Una fe profunda y duradera ha crecido en ti. Por lo tanto eres afortunado entre los hombres. No es que Dios te haya favorecido por encima de los otros; más bien, tú has elegido el camino y vas a caminarlo.

Dándote cuenta que en tu ignorancia tú puedes haber estado usando el poder de tu mente negativamente (no porque fueras malo sino por la ignorancia humana, la superstición y el miedo que, en cierto modo penetran en el pensamiento del hombre), no vas a condenarte ni a ti ni a nadie más. Si la luz ha llegado, lo que hay que hacer es usarla, olvidando la obscuridad. Cuando el día de la iluminación llega, la obscuridad de la noche desaparece. La luz no luchó contra la obscuridad y la obscuridad no pudo luchar contra la luz. "La luz brilló en la obscuridad, y la obscuridad no la comprendió".

¿Cómo podría la obscuridad tener poder sobre la luz? Di:

Hoy reconozco que mi bien está a mi alcance. Hoy sé que mi Redentor vive en mí.

No está afuera, para que tenga que ir a buscarlo.

No está en la montaña, ni siquiera en el templo, siendo tan sagrado como es.

Está dentro de mí ahora, hoy, en este preciso momento, en este aliento que tomo, en el ahora eterno y en el aquí interminable.

El Espíritu dentro de mí me refresca.

Estoy saturado con la esencia de la Vida.

Mi cuerpo es un vehículo para Su expresión, mi mente un instrumento para Su pensamiento.

Hoy comulgo conscientemente con este Espíritu que es mi Espíritu, con esta Vida que es mi Vida, con este Cristo que es mi Cristo.

Me esforzaré por sentir su Presencia como realidad viva en mi vida. Trataré de percibir el mismo Espíritu en todos. Lo veré en todas partes.

CAPÍTULO 15

El hombre más sabio que ha existido hasta ahora dijo que hay una verdad que puede liberarte del miedo, de la carencia, de la infelicidad, y finalmente de la muerte misma. Dijo que esta verdad ya está dentro de ti. No podría haber nada más maravilloso que esto. Es lo que has estado buscando pero que no te has atrevido a creer.

Supongamos que aceptas esta sabiduría espiritual, ya que el que la otorgó pudo probar lo que decía. ¿No crees que esta gran persona gloriosa dijo que el reino de tu bien está aquí hoy?

No importa cuáles hayan podido ser las negaciones de ayer, tus afirmaciones de hoy pueden elevarse triunfantes sobre ellas. Ésta es la esperanza más grande que se haya puesto jamás frente a la visión de la búsqueda del hombre por algo que pueda hacerlo feliz. El mal de todos tus ayeres puede desvanecerse en la nada. Si puedes ver la belleza en lugar de la fealdad, la belleza aparecerá. Deja de llorar por los errores de ayer, y con la mirada firme de cara a la gran Realidad Divina marcha hacia la Luz donde no hay obscuridad. Di:

Sé que toda condición negativa del pasado ha quedado atrás. Me niego a verla o a pensar en ella.

El ayer ya no está aquí, el mañana no ha llegado. Hoy es el día de Dios.

El día de Dios es mi día.

El día de hoy, brillante de esperanza y lleno de promesa, es mío.

Hoy mi corazón no tiene miedo.

Tengo confianza implícita en el bien, en lo duradero y en lo verdadero.

Hoy vigilaré mis pensamientos y mis palabras; mantendré mi consciencia firme en el reconocimiento de que hay un Poder espiritual en el que puedo confiar.

Con toda resolución me vuelvo hacia ese Divino Origen que no sabe de confusión, a ese Centro espiritual que no sabe de miedo.

El Espíritu no tiene miedo a nada; la Divinidad no tiene enemigos; el Espíritu no conoce oposición.

Conscientemente me acerco a mi Centro Divino, a la Fuente de todo lo que existe; siento el calor de Su presencia.

Entro a una fe perfeccionada por el amor y la confianza, a una seguridad que he logrado al abandonarme al bien.

Reconociendo el bien en todo mi ser, deseando sólo el bien para otros, reposo en una seguridad serena.

Abro mi consciencia a la realización de que todo el Poder y la Presencia que hay me envuelve en Su abrazo eterno; que el Espíritu eternamente imparte Su vida en mí.

Creo en mí mismo porque creo en Dios.

Creo en mi destino porque sé que la Ley del Bien opera en mí.

Tengo confianza en el futuro y expectación entusiasta en que el bien viene hacia mí.

Por lo tanto, acepto la plenitud de la vida de este momento.

"Pide y se te dará". Éste es uno de los conceptos más maravillosos que se hayan pronunciado jamás. Esto implica que hay un Poder que puede cumplir lo que pidas. Al mismo tiempo Jesús dijo que no deberías pedir equivocadamente. Sin embargo estas dos afirmaciones de Jesús no son contradictorias. Simplemente quieren decir que debes pedir lo que corresponda por naturaleza a la Vida Divina que es amor, verdad, belleza, poder, sabiduría, bondad y paz.

Todo lo que pidas de esta índole tienes derecho a esperar recibirlo con certeza. Pero es sólo al abandonar lo insignificante que puedes obtener lo más grande, sólo al dejar la confusión que puedes abrazar la paz, sólo al trascender la duda y el miedo que puedes ser elevado a las alturas de la Vida interna. Al pedir, debes identificarte con la grandeza del Espíritu. Ésta es la única forma en que puedes aspirar el aliento del Todopoderoso. Permite que tu consciencia, a través de la fe, se eleve al reconocimiento más grande y amplio de esa Presencia que siempre se está entregando a ti.

Creyendo que la Mente Divina siempre está presente, que la Inteligencia Divina está siempre disponible, abre tu consciencia a Su guía. Mantén tu mente firme y leal al pensamiento de que a ti te gobierna esta Inteligencia Divina. Siente cómo eres impulsado a tomar decisiones correctas, a llevar a cabo estas decisiones inteligentemente, y siente que el Poder que está contigo no puede abandonarte. Di:

> Mi conocimiento de que el Gran Yo Soy siempre está disponible, me da una capacidad creciente de extraer de Él mismo, y de estar consciente de la presencia del Espíritu.
>
> Por la contemplación serena de la acción del Espíritu, aprendo a mirar toda condición falsa quieta y calmadamente, viendo hasta el otro lado de la Realidad invisible que moldea condiciones y renueva todos mis asuntos más de acuerdo con el modelo Divino.
>
> Con visión espiritual penetrante puedo disipar la obstrucción, quitar el obstáculo, disolver la condición errónea.
>
> En la quietud puedo observar la salvación segura de la Ley.
>
> Ahora reclamo la salud en lugar de la enfermedad, la riqueza en lugar de la pobreza, la felicidad en lugar de la miseria.

Todo pensamiento de miedo o limitación queda eliminado de mi consciencia.

Sé que mi palabra convierte toda energía en acción constructiva, produciendo así salud, armonía, felicidad y éxito.

Sé que hay algo en el centro de mi ser que está absolutamente seguro de sí mismo; tiene seguridad total y me da la seguridad total de que todo está bien.

Yo mantengo mi posición como Ser Divino aquí y ahora.

Sé que en esta consciencia de Realidad está la satisfacción de todas mis necesidades físicas, mentales y espirituales; y acepto esa satisfacción con profunda gratitud.

Doy gracias de que ésta sea la forma en que la Vida cumple mis necesidades por medio de mi consciencia, y por saber cómo usar esta Ley perfecta.

Llego a esta gran Fuente de Abastecimiento que existe en el centro mismo de mi ser, para absorber todo aquello que necesito mental y físicamente, y me lleno de la sensación de la Realidad de lo que deseo.

Al llenarme de la Realidad, le permito fluir en mi mundo de pensamientos y acciones, sabiendo que traerá Su paz, armonía y orden a todo mi alrededor.

Nace dentro de mí una fe ilimitada en la Presencia inconquistable, Ley Perfecta y Acción Divina.

El bien es la raíz de todo a pesar de su ausencia aparente. Pero este bien debe ser reconocido. Ya que sólo hay un Espíritu, y este Espíritu está en ti y en todo; dondequiera que vayas encontrarás este Espíritu. Lo encuentras en la gente, lugares y cosas. Hay una Esencia Divina penetrándolo todo, circulando por todo y convirtiéndose en todo. Este Espíritu único que se manifiesta en todo y a través de todo, incluyéndote a ti, automáticamente ajusta las partes al todo.

Por lo tanto, puedes aceptar con absoluta certeza que el Espíritu que llevas dentro, va delante de ti y te prepara el camino.

Ésta no es una vana conclusión, o sueño vacío, o esperanza desolada. Tu fe se coloca en algo positivo, tan cierto como las leyes de la vida, exacto como el principio de las matemáticas, siempre presente como el éter del espacio, siempre operando como las leyes de la naturaleza. Di:

Sé que el Espíritu en mí va delante de mí, haciendo el camino de mi experiencia perfecto, libre, derecho, fácil y feliz.

No hay nada en mí que pueda obstruir los circuitos divinos de la Vida, el Amor, la Belleza y la Verdad.

Mi palabra disuelve todo pensamiento o impulso negativo que podría ensombrecer mi expectación con dudas.

Hoy tengo fe en que mi palabra no regresará a mí vacía.

Me abandono completamente a esta fe.

Mi oración, entonces, es de afirmación y aceptación. Presento mi vaso de aceptación, sabiendo que la

Divinidad lo llenará hasta el borde.

Hoy, conscientemente me identifico con todo lo que pertenece al bien, a la verdad y a la belleza.

Me identifico con la abundancia y el éxito.

Me identifico con el Espíritu Viviente, con todo el poder, la presencia y la vida que hay.

Reconociendo que toda acción empieza en la consciencia y es el resultado de ésta, prepara tu mente para recibir lo mejor que la vida tiene para ofrecer. Acrecienta tu consciencia de la Presencia única, de la Vida única y del Espíritu único que es Dios. Trata de eliminar toda sensación de carencia o limitación de tu pensamiento.

Sabiendo que la palabra de Verdad que pronuncias es la Ley de Dios en ti, y creyendo que esta Ley es perfecta, debes llegar a estar consciente de que Ésta opera en tus asuntos. El Espíritu trabaja para ti a través de tu creencia. Todas las cosas son posibles para este Espíritu, por lo tanto, todo es posible para ti en la medida que puedas creer y aceptar la acción del Espíritu en tu vida.

Hay algo dentro de ti que está totalmente consciente de su unidad con el poder, de su unidad con la vida. Abandona todo pensamiento de discordia y miedo, y permite que el verdadero molde salga a la superficie. Recuerda que los moldes de pensar son adquiridos, por lo tanto, la mente que los acepta los puede rechazar.

Sin duda la mayoría de estos moldes son aceptados por la mente inconscientemente. No importa. Lo que hay allí tú lo puedes rechazar, eliminar de tu pensamiento, rehusarte a pensar en ello, negarte a alimentarlo con el fuego de tu imaginación y sentimiento. Al no tener de qué vivir, se marchitará y perecerá. Sólo el pensamiento que se nutre crece. Las hierbas ya no existen cuando se les arranca, y el lugar donde estuvieron olvida que alguna vez existieron. Di:

> Yo dejo que la Integridad Divina fluya por mí en círculos expansivos de actividad.
> Todo el bien que he experimentado ahora crece.
> Todo el gozo que ha llegado a mi vida ahora se multiplica.
> Hay un nuevo influjo de inspiración en mi pensamiento.
> Veo más claramente que antes que mi derecho divino de nacimiento es la libertad, el gozo y el bien eterno.
> Reconozco que este mismo derecho de nacimiento se concede a todos.
> Me alegra que todos tengamos este bien común.
> La Presencia Divina se interpreta a Sí Misma hacia mí por medio del amor, la amistad, la paz y la armonía.
> Sabiendo que la vida me da de acuerdo con mi fe, elevo mi mente, elevo mi fe y escucho profundamente la canción de mi ser.

Se te ha dicho que todo es posible para el que cree. Aceptando esto como el principio de tu ser y analizándolo con lógica, llegamos a la conclusión de que la fe no es algo nebuloso. Es una idea actual, una actitud mental definida, una aceptación positiva; no positiva desde el punto de vista del poder de voluntad de obligar a las cosas a suceder, no positiva desde el punto de vista de influenciar a la gente o las cosas, no positiva desde el punto de vista de sostener pensamientos con el puño apretado. Tu fe es positiva cuando lo que anuncia tu intelecto ya no es negado por los moldes de pensar acumulados en la parte subconsciente de tu mente.

La fe es ciertamente una actitud mental. Cuando cierto hombre vino a Jesús y dijo, "Señor, creo; ayudadme en mi incredulidad", no estaba sino mostrando qué humanos somos, qué humano eres, qué humano es todo mundo. Por la inspiración de su esperanza y el entusiasmo de la ocasión, frente a la luz de Aquel cuya mecha de vida se conservaba siempre encendida, sintiendo el calor y el color de su eterno brillo, exclamó, "¡Creo!" Ésta fue una respuesta simple, sincera y entusiasta a la consciencia del que tenía fe. Pero tan pronto exclamó, "¡Creo!", impulsado por su voluntad de creer, los viejos patrones de pensar salieron a obstaculizar su fe y dijo, "Ayudadme en mi incredulidad".

Ahora, este hombre no era de carácter débil. Era sólo un ser humano en la misma búsqueda en la que se encuentra toda la humanidad. No estaba sino mostrando que la fe es más que una declaración objetiva. Esa perfecta fe no puede existir mientras haya contradicciones subjetivas que nieguen la afirmación de los labios.

Es sólo cuando el intelecto ya no está obstruido por reacciones negativas emocionales nacidas de la duda y el temor, que la palabra puede producir fruto inmediatamente. En esto no hay nada descorazonador porque el simple hecho de que los pensamientos son cosas, contiene la connotación de que el que piensa puede cambiar sus pensamientos, que él es realmente el amo de su destino.

Tú eres el que piensa. Tú eres el creador de hábitos de pensar. Eres el amo de tu destino. Debes por tanto hacer uso de esta autoridad. Di:

Sé con profunda serenidad íntima, que mi palabra de fe es la ejecución de la Ley espiritual en mi vida.

Sé que mi palabra penetra cualquier creencia falsa que haya en mi pensamiento; arroja todo miedo, elimina dudas, y permite que sólo aquello que dura, que es perfecto y verdadero, entre en mi consciencia.

Tengo la convicción plena de que mis pensamientos son no solamente verdaderos, sino productivos con certeza matemática en mi vida.

Tengo confianza absoluta en la Ley del Bien.

Sé que el Espíritu, que es Vida, está presente en todo lugar.

Me envuelve como el aire que respiro.

En la cumbre de la montaña, en el valle, en el desierto y en el océano, siempre está presente.

Acepto esta Presencia con confianza total.

Creo que la Ley del Bien traerá a mi experiencia todo lo que es deseable.

Hoy proclamo mi herencia divina. Soy rico con la riqueza de Dios.

Soy fuerte con el poder de Dios.

Soy guiado por la sabiduría de Dios.

Hoy me sostiene la bondad de Dios.

El Espíritu de Dios es una Totalidad íntegra e indivisible. Llena todo momento con Su presencia, y todo espacio con la actividad de Su pensamiento. Es, por supuesto, difícil para la mente humana entender el significado de esa Presencia que lo abarca todo. Sin embargo, quizá la más grande dificultad es que tratamos de hacerlo demasiado abstracto.

Tú ya sabes que estás vivo. Sabes que tu vida está poblada de eventos cotidianos, personas que van y vienen, los pensamientos de tu propia mente, las actividades de tus propios asuntos, la circulación de la sangre en tu cuerpo. ¿No crees que éste es un buen lugar para empezar? Entiendes ya la presencia de la vida. Después de todo, no es difícil.

Tu esfuerzo, entonces, no es tanto encontrar a Dios sino reconocer Su Presencia y entender que esta Presencia ya está contigo. Nada puede estar más cerca de ti que la esencia misma de tu ser. Tu búsqueda externa culmina con el más grande de todos los descubrimientos posibles – encontrarlo a Él en el centro de tu propio ser. La vida brota desde tu interior. Di:

Sé que mi búsqueda ha terminado.
Estoy consciente de la Presencia del Espíritu. He descubierto la gran Realidad.
Estoy despierto al reconocimiento de esta Presencia. No hay sino una Vida.
Hoy la veo reflejada en cada forma, detrás de cada semblante, moviéndose en cada acto.
Sabiendo que la Presencia Divina, el Espíritu, está en toda persona que encuentre, saludo al bien que hay en todos.
Reconozco que el Dios de la Vida me responde desde toda persona que veo, desde todo hecho que sucede, desde toda circunstancia en mi vida.
Siento el calor y el color de esta Presencia Divina abrazándome, brotando dentro de mí, el manantial del ser eterno presente ayer, hoy, mañana y siempre.

¿Alguna vez te has detenido a reconocer que esta paz debe existir realmente en el centro de todo? Y si preguntas, ¿por qué?, contesta tu propia pregunta porque así tendrás que hacerlo de todas maneras. Nadie puede contestar tus preguntas sino tú mismo. Tu naturaleza misma así lo dispone. La paz debe existir en el centro de todo, o el universo sería un caos. Tú ya sabes esto y lo crees, ahora actúa de acuerdo con ello.

No sólo vas a creer en ello, sino que vas a actuar como si fuera cierto, porque lo es. Hay paz en el centro de tu ser, una paz que puedes sentir todo el día, en la frescura del atardecer y al final de tus labores, cuando las primeras estrellas empiezan a brillar en la suave luz del cielo. Se anida quieta, tiernamente, sobre la tierra como una madre que cuida a su hijo. Di:

En esta paz que me sostiene tan gentilmente, encuentro la fuerza y la protección contra todo miedo o ansiedad. Es la paz de Dios en la que siento el amor de la Sagrada Presencia. Estoy tan consciente de este amor, de esta protección, que toda idea de temor se aleja de mí como la bruma se desvanece al llegar la luz del alba. Veo el bien en todo, a Dios personificado en toda la gente, a la Vida manifestada en todo acontecimiento.

Hoy vas a identificarte con una vida más abundante, a pensar en aquello que te de paz, a radicar en la unidad que lo sostiene todo. Así que te ubicas conscientemente en la realización de que vives en el Espíritu puro, un nuevo poder nace dentro de ti. Te verás renovado por la Vida Divina, guiado por la Inteligencia Divina, y protegido por el Amor Divino. Enfoca tu visión interior en esta armonía que habita adentro, sabiendo que al contemplar su perfección la verás manifestarse en todo lo que haces. Di:

Reconociendo claramente que el Espíritu dentro de mí es Dios, el Espíritu Viviente Todopoderoso, y estando consciente plenamente de esta Presencia Divina como el Principio que sostiene mi vida, abro mi pensamiento a Su influjo.
Abro mi consciencia a Su derramamiento.
Dejo que la misma Mente que estaba en Cristo Jesús esté en mí.
Ésta es la Mente de la Verdad, la Mente de Dios, que lleva consigo todo el poder del Infinito.
Sé y entiendo que sólo el bien es real.
Sé que silenciosamente estoy atrayendo hoy y cada día, una medida creciente de verdad y belleza, de bien y armonía.
Todo lo que hago, digo y pienso se apresura a convertirse en acción correcta, en acción productiva, en acción creciente.
Mi bien invisible ya existe.
Mi fe, basándose en este bien invisible, hace que aquello que era invisible se vuelva visible.
Todo lo que hay es mío AHORA; todo lo que ha habido o habrá es mío AHORA.

CAPÍTULO 16

La Ley del Señor es perfecta, y la Ley del Señor es amor.
Cuando comulgas conscientemente con el amor,
la ley te perfecciona.

El amor es el cumplimiento de la ley; es decir, sólo por medio del amor puede la ley cumplirse en tu experiencia, porque el amor lo armoniza todo, lo unifica todo. Da a todo, circula por todo. No puedes hacer uso perfecto de la ley de tu vida a menos que el uso sea motivado por el amor.

Como el artista se casa con la belleza, bebe la esencia o espíritu de la belleza para poder transmitirla al lienzo, o para darle forma viviente al mármol frío, así debes casarte tú con el amor. Debes beber su espíritu. Este amor es más que un sentimiento. Es una sensación profunda de la unidad y belleza de toda la vida, la bondad fluyendo en todo, la dádiva de la Vida hacia todo. Di:

Hoy otorgo la esencia del Amor a todo. Todo ser humano será amable conmigo.
Mi alma encuentra el alma del universo en todos. Todo es bello, todo es significativo.
Este Amor es el poder restaurador con cuyo toque sana todo,

curando heridas de pasadas experiencias con su bálsamo divino.

Sé que la Esencia de este Amor está en la Substancia misma de la Vida, en el Principio creativo que hay detrás de todo, circulando por mi propio ser espiritual, emocional, mental y físico.

Fluye en hermosura trascendente hacia el mundo de mis pensamientos y formas, siempre renovando, dando vida, trayendo alegría, armonía y bendiciones a todo y a todos los que toca.

Vas a saber que la bondad te mantiene en actividad perfecta, te rodea de amor y amistad, y trae gozo a todo lo que haces. Vas a impartir una atmósfera de confianza y fe que lo eleva e ilumina todo en tu ambiente. Sólo al vivir afirmativamente puedes ser feliz. Sabiendo que hay sólo un Espíritu en el que cada uno vive, se mueve y tiene su ser, vas a percibir ese Espíritu no sólo en tu consciencia sino en tus asuntos. Vas a estar en comunión consciente con el Espíritu de la humanidad. En un apretón de manos puedes sentir Su calor y color. En el intercambio de pensamientos vas a sentir la Presencia de la Divinidad. Vas a sentirlo en todo.

Estás unido con todo. Eres uno con la Luz Eterna. La Presencia del Espíritu en ti bendice a todo el que encuentras, sana todo lo que tocas, trae alegría a la vida de todos aquellos con quienes tienes contacto. Por lo tanto eres una bendición para ti mismo, para la humanidad, y para el día en que vives. Di:

Hoy descubro la perfección que hay en mí.
Con toda plenitud revelo el Reino que habita en mi interior.
Veo el mundo de mis asuntos sabiendo con certeza que el Espíritu dentro de mí me abre el camino de inmediato y lo vuelve fácil.
Sé que no hay nada en mí que pueda obstruir o evitar el circuito divino de Vida y Amor que es Dios.
Mi palabra disuelve todo pensamiento o impulso negativo que pudiera ensombrecer mi perfección.

El Bien fluye a través de mí hacia todo.
El Bien brilla en mis pensamientos y acciones.
El Bien armoniza mi cuerpo, lo revitaliza y manifiesta su perfección en cada célula, en cada órgano, en cada función.
El Bien armoniza mi mente, para que ese Amor cante gozosamente en mi corazón.
Estoy completamente consciente de todo el Bien que hay en mí, a mi alrededor y en todo lo que existe.
Estoy en completa unidad con el Bien.
Tengo confianza total en que conozco y entiendo la Ley del Bien.
No sólo conozco lo que es la Ley, sino que sé cómo usarla.
Sé que obtendré resultados definidos al usarla. Reconozco que toda duda acerca de mi habilidad de usar esta Ley es cosa del pensamiento.
Lo que el pensamiento ha producido, el pensamiento lo puede cambiar.
Sabiendo esto, con confianza en mi habilidad de usar la Ley, la uso diariamente con propósitos específicos, desarrollando gradualmente una fe inquebrantable tanto en la Ley como en mi posibilidad de demostrarla.
No hay duda ni incertidumbre en mí.
Mi mente se regocija en la certeza y la seguridad. Tengo la certeza de que mi palabra no retornará a mí vacía.
Por lo tanto, hoy declaro que la Ley del Señor es perfecta en todo lo que hago.
Exteriorizará la felicidad, me traerá todo lo bueno. Hoy estoy consciente de que hay un camino secreto al alma, una senda secreta a la paz, una Presencia invisible exteriorizándose eternamente para mí y por mí.
Hoy creo en la Guía Divina.
Hoy creo que "debajo están los brazos perdurables". Hoy reposo en esta certeza divina, en esta seguridad divina.
No sólo sé que todo está bien en mi alma, mi espíritu y mi mente, sino que todo está bien en mis asuntos.

Tú vives en la casa de Dios, que es una casa de perfección. Es el "lugar secreto del Altísimo" en ti y en todos. Los habitantes de esta casa son divinos. Son tan divinos para ti como lo permitas. Como los veas, ellos te ven a ti, porque éste es el designio de la vida. Todo te responde al nivel en que lo reconozcas. En la casa de Dios no hay celos, ni pequeñez, ni maldad. Es una casa de alegría, un lugar de felicidad y contento. Aquí hay calor, color y belleza. Vista bajo esta luz, tu casa terrenal simboliza el Reino de la Armonía Divina en la que nadie es un extraño. Di:

Nada es extraño para mí.
Nada que no sea gozo, integridad y amistad entra en mi experiencia.
El bien que deseo para mí lo deseo para todos.
No puedo desear ningún bien para mí mas que el bien que deseo para todos los demás.
Tampoco me niego a mí el bien que afirmo por los demás.
Sé que en la casa en que vivo, el anfitrión es Dios, el Espíritu Viviente Todopoderoso; los huéspedes son toda la gente; la invitación se ha escrito para que todos puedan entrar y vivir aquí eternamente como huéspedes de su Anfitrión Eterno.

Hay algo en ti que sabe que estás hecho de substancia inmortal, que la muerte no existe. Pero la eternidad no es un evento lejano, "Amados, ahora somos los hijos de Dios". Hoy es cuando vas a lograr el reconocimiento total de esta Verdad Divina. No necesitas esperar para volverte inmortal, porque todo aquello en lo que te vas a convertir es de donde vas a evolucionar. La vida antecede a la vida, fluye de sí misma.

La vida ha dejado su sello de individualidad en tu alma. Eres diferente a cualquier otra persona que haya existido jamás. Tú eres un centro individualizado en la Consciencia de Dios. Tú eres una actividad individualizada en la Acción de Dios. Tú eres tú y eres eterno. Por lo tanto no esperes la inmortalidad. La resurrección de la vida es hoy. Estás vestido de esta resurrección ahora. Todo lo que tienes que hacer es experimentarla.

Empieza a vivir hoy como si fueras un ser inmortal, y todo pensamiento de muerte, todo miedo a cambiar, se desvanecerá. Saldrás de la tumba de la incertidumbre a la luz del eterno día. La noche de tu alma habrá pasado, y la eterna luz del día duradero amanecerá como la gran realidad de tu vida. Di:

Sé que toda muerte aparente es una resurrección; por lo tanto, hoy gustosamente muero a todo lo que no es similar al bien.

Alegremente resucito en esto que es hermoso, duradero y verdadero.

Silenciosamente paso de lo menos a lo más, del aislamiento a la inclusión, de la separación a la unidad.

La Ley perfecta del bien está operando en mí. Gozosamente la acepto.

Gozosamente permito Su acción en todo lo que hago.

Sé que mi reconocimiento del bien es la substancia del bien que realizo, y sé que este bien siempre se manifiesta en mi experiencia.

Me es imposible estar separado de mi bien.

Hoy, reconociendo que no hay nada en mi pasado que pueda levantarse contra mí, nada en mi futuro que pueda amenazar el desenvolvimiento de mi existencia, mi vida será una aventura eterna, una experiencia convirtiéndose en experiencias mayores y mejores.

La evolución está sucediendo, hacia arriba, hacia adelante, hacia afuera, expansivamente, "Yo he venido para que ellos tengan vida, y para que ésta les sea más abundante".

Me deleito en la contemplación del futuro inmensurable, en el camino del progreso duradero, en la eternidad de mi propio ser, en la continuidad de mi alma, en la energía renovada diariamente, y en la acción de esa Divinidad dentro de mí, que ha estampado para siempre el sello de Ser individualizado en mi mente.

Has oído mucho acerca del Cristo restaurador que puede venir a ti con poder. ¿Te das cuenta de que este Cristo ya está aquí? Este

Cristo es la encarnación de Dios en cada persona. Naturalmente, Dios se ha dado a cada alma. Si esto no fuera cierto no estarías vivo, no existirías, no podrías estar aquí. Tu Cristo es la encarnación singular de Dios, de la Vida, en ti como persona. Esta encarnación Divina, esta Presencia viviente está en el centro de tu ser ahora, no a tu lado. Si abres la puerta de tu consciencia y le das la bienvenida a este Huésped Divino, entrará.

No hay nadie que en algún momento de su vida no haya sentido esta Presencia interna, esta visión de la Divinidad que se abraza a nosotros. Él busca entrar en nuestros pensamientos. Debemos abrir la puerta de nuestra consciencia y permitirle entrar.

La existencia de esta Presencia no se debe a nuestra voluntad, y no podemos darle órdenes por medio de una declaración, afirmación o exigencia. No podemos cortejarla con humildad falsa, ni podemos atraer Su atención por medio de la admiración. La Presencia, el Poder, ya está aquí. Lo que da entrada a la Presencia Divina es nuestra voluntad, aceptación y reconocimiento. Es la fe y el reconocimiento lo que permiten que su poder creativo fluya por nuestra palabra. Di:

Hoy comprendo que el Espíritu encarnado en mí, Dios como mi propio ser, constituye la única realidad que tengo.

Hoy abro mi consciencia a la realización del Cristo viviente, a la naturaleza perdurable del Hijo del Padre Eterno.

Sé que Él habita en mí, y sé que hay un Guía invisible, una Presencia viviente conmigo en todo momento.

Con simplicidad total y directamente, reconozco este centro Divino.

Hay una Vida en todo y por todo.

Conscientemente, me uno con este Espíritu puro en el que vivo, me muevo y tengo mi ser.

Soy fuerte con la fuerza del poder del Espíritu puro que es vitalidad en todo.

Yo estoy sostenido por la Energía Divina que me inunda con salud radiante y vitalidad.

*Cada átomo de mi ser responde a esta Presencia Divina.
Completamente me rindo a Ella.*

Todo mundo busca el poder protector de alguna Presencia que esté suficientemente cerca para alcanzarla y afianzarse a ella. Como un niño que se vuelve a sus padres para que lo consuelen, así toda persona confía en Dios, aunque no se den cuenta de ello. Este concepto es tan universal que ha existido en cada época, en toda la gente, en todo tiempo. Sería burlarse de la fe si se negara que tal Presencia existe o que tal Poder actúa. Todos los que han encontrado una respuesta a la vida han creído en esto. Todos lo que han creado obras grandes y poderosas por medio de la fe han tenido confianza total en esta Presencia Divina, y las almas grandes han sabido que esta Presencia está dentro de ellas. Jesús llamó a esta Presencia "El Padre Nuestro que está en los cielos", o en otras palabras, que el Espíritu de la Vida está dentro, alrededor y a través de nosotros. Jesús se atrevió a poner su mano serenamente en la Mano de lo Invisible. Sus obras justificaron sus palabras; su fe se manifestó en sus actos.

A la Realidad no le ha pasado nada desde que esta figura gloriosa anduvo los caminos de la experiencia humana. Con igual confianza debes creer en la Presencia protectora del Espíritu siempre a tu alcance. Con igual fe debes envolverte en un manto de protección Divina, sabiendo que "debajo están los brazos perdurables".

Hoy vas a mantener tu pensamiento firmemente en el reconocimiento de que Dios no te niega nada. Por lo tanto, prepárate para una vida de gozo, amor, felicidad y bienestar. Cree en la libertad divina que es tuya por derecho de nacimiento. Di:

Sé que la Ley de Dios me rodea con amor y amistad. Permito que este amor y amistad inunden todas las cosas, toda la gente, en todos lados.
Dejo que irradie en mi ambiente, bendiga todo lo que toco, restaure todo lo que es débil, convierta el miedo en fe, y cumpla el milagro de sanar por medio del amor.

En todo lo que es bueno y verdadero, en eso pensaré. Recordaré esto: el Espíritu no está lejos.

Me acordaré que vivo en la Presencia Divina, que mis asuntos están bajo el cuidado de la Mente Eterna.

Vivo, me muevo y tengo mi ser en la Integridad.

La paz, la confianza, y el poder pertenecen a mi Reino.

A todos les doy mi gozo y mi amor, sabiendo que el regalo de la Vida no es sólo para mí.

Yo comparto mi bien.

Abrazo la oportunidad de amar plena, completa y alegremente.

Creo en mí porque creo en Dios.

Acepto la vida de lleno y completamente, sin reservas, con la convicción de que el bien es la Realidad eterna, que Dios es la Presencia perdurable, que Cristo está dentro de mí como Guía eterno, que mi vida está completa hoy.

Otros libros
de DR. ERNEST HOLMES

Cómo Usar la Ciencia de la Mente

Una guía práctica y concisa dedicada en particular a los maestros y practicantes. Todos los estudiantes de la Ciencia Religiosa y la Filosofía lo encontrarán útil.

Ese Algo Llamado Vida

Basado firmemente y con gran cuidado en las enseñanzas de Jesús y de otros grandes guías espirituales y filósofos, Ese Algo Llamado Vida es un compendio de la práctica de la fe por medio de la cual se pueden resolver directa, simple y efectivamente los problemas de toda clase.

La Ciencia de la Mente

Esta publicación monumental entre las obras de motivación e inspiración de la última mitad de este siglo, es no sólo un libro de texto y de referencia definitivo, sino que también provee una lectura inspiradora que satisface la variedad de las necesidades humanas. Y es compañero esencial de las otras obras de la Ciencia Religiosa.

Lo Esencial de Ernest Holmes

Posiblemente nos encontremos con las mismas ideas expresadas en numerosas y diferentes formas de un libro a otro, pero son ideas extraordinarias, y mientras más las escuchemos probablemente más les permitimos que transformen nuestras creencias acerca del mundo y de cómo funciona. Cuando las encontramos quedamos por lo menos un poco más en paz, un poco más felices, y cuanto más captamos, nuestras vidas se transforman completamente.

Mente Creativa y Éxito

Volumen admirable, compañero de LA MENTE CREATIVA. Sin ser repetitivo, el Dr. Holmes ha investigado nuevamente las leyes y principios básicos de Ciencia de la Mente y ha deducido de ellos qué pasos son necesarios para adquirir el éxito y la prosperidad. Fijando como premisa que el pensamiento correcto debe, por necesidad, producir el éxito, el autor procede a mostrar cómo el estudiante puede usar el pensamiento correcto para obtener lo que desea.

Palabras Que Sanan Hoy

Basado en las palabras de Jesús y su discípulo Pablo, este libro muestra la efectividad en la vida moderna de las enseñanzas del genio espiritual más grande de todos los tiempos.

¿Podemos Hablar con Dios?

Te ofrece un marco para la oración que es compatible con la religión tradicional. Este libro establece la enseñanza de Ernest Holmes llamada la Ciencia de la Mente, que es una síntesis de las grandes ideas sobre religión, ciencia y filosofía. Este volumen contiene también el texto del libro de Holmes La Oración Efectiva. Si te preguntas, ¿Puedo Yo hablarle a Dios?, entonces debes leer este libro. No solamente responde con un sonoro SÍ, sino que también te enseña la manera de hacerlo.

www.ingramcontent.com/pod-product-compliance
Lightning Source LLC
Chambersburg PA
CBHW071700040426
42446CB00011B/1852